安徽卫生思想政治工作促进会 组编

# 一往无前

## 白衣"皖军"在"疫"线

主　编　刘连新
副主编　胡礼源　李　矗　高　概
编　委（按姓氏笔画排序）
　　　　丁长明　王延照　孔维鹏　刘　婷
　　　　刘全礼　刘连新　李　萍　李　矗
　　　　李博文　陈　斌　周　典　胡礼源
　　　　侯　勇　高　概　崔　虎　戴晓支

中国科学技术大学出版社

## 内 容 简 介

为激励全省广大党员干部群众学习先进,大力弘扬抗疫精神,在安徽省卫生健康委员会的指导下,安徽卫生思想政治工作促进会精心组织整理全省医疗卫生机构与抗疫有关的重大、重要事件报道,战"疫"人物专访,以及医务人员的战疫日记、图片等第一手素材,汇编成本书。所述内容充分展现安徽特色,包括安徽专家在武汉成功实施具有世界难度的危重症救治行动——VVA-ECMO,讲述已纳入国家诊疗方案的"托珠单抗"免疫治疗方案的研发和推广,介绍中西医"联手"救治的安徽"药方",以及全国抗疫先进个人——童佳兵、王琪、汪天平、姜小敢等人的先进事迹;另从疾控专家、病理医生、影像医师、驻村医生、医学工程师、宣传工作者等多视角展现安徽卫生健康系统的抗疫全景,以展现安徽卫生健康系统白衣"皖军"敢于斗争、敢于胜利、一往无前的气概和伟大抗疫精神。

## 图书在版编目(CIP)数据

一往无前:白衣"皖军"在"疫"线/安徽卫生思想政治工作促进会组编;刘连新主编.—合肥:中国科学技术大学出版社,2021.10
ISBN 978-7-312-05233-0

Ⅰ.一… Ⅱ.①安… ②刘… Ⅲ.医药卫生人员—先进事迹—安徽—现代 Ⅳ.K826.2

中国版本图书馆 CIP 数据核字(2021)第 197257 号

一往无前:白衣"皖军"在"疫"线
YIWANG-WUQIAN: BAIYI WAN JUN ZAI YI XIAN

| | |
|---|---|
| 出版 | 中国科学技术大学出版社<br>安徽省合肥市金寨路 96 号,230026<br>http://press.ustc.edu.cn<br>https://zgkxjsdxcbs.tmall.com |
| 印刷 | 合肥市宏基印刷有限公司 |
| 发行 | 中国科学技术大学出版社 |
| 经销 | 全国新华书店 |
| 开本 | 710 mm×1000 mm 1/16 |
| 印张 | 15 |
| 字数 | 238 千 |
| 版次 | 2021 年 10 月第 1 版 |
| 印次 | 2021 年 10 月第 1 次印刷 |
| 定价 | 60.00 元 |

# 前　言

"武汉,我们来了!"

"湖北,我们来了!"

2020年1月27日,由中国科学技术大学附属第一医院(安徽省立医院)、安徽医科大学第一附属医院、蚌埠医学院第一附属医院、皖南医学院第一附属医院(弋矶山医院)等安徽省、市三级医院和传染病专科医院组建的安徽第一批支援湖北医疗队185人逆行出征,飞赴武汉;2月4日,由100名医护人员组成的第二批医疗队奔赴武汉;2月9日,由300名医护人员组成的第三批医疗队再赴武汉;2月13日,由274名医护人员组成的第四批医疗队赶赴武汉……2月22日,第八批支援湖北医疗队的30名队员乘包机抵达武汉。

面对突如其来的新冠肺炎疫情,安徽先后派出8批1362名医疗卫生人员和3批23名公共卫生专业人员驰援湖北。他们白衣为甲,逆行出征,在疫情最为肆虐之时,与全国4万多名医务人员一起,同时间赛跑,与病魔较量,用血肉之躯筑起阻击病毒的钢铁长城,以医者的大爱仁心救治患者,挽救回一条条鲜活的生命,为坚决打赢湖北保卫战、武汉保卫战贡献了安徽力量。

安徽与湖北接壤边界线近400千米,有86条道路与湖北联通,防控任务同样异常艰巨。1月23日深夜,安徽省卫生健康委发出《致全省卫生健康系统全体同志动员令》,号召全省卫生健康系统45万名职工取消春节休假,立刻进入紧急战时状态,以"节不过、年不过"的劲头,全力以赴做好疫情防控工作。艰险时刻,没人后退!危难时刻,只有挺身!在祖国和人民最为需要的时候,全省卫生健康系统45万干部职工冲上一线,把岗位当战位、以肉身为铁骨,无惧个人安危扑在疫情防控最前沿,以人间大爱谱写了新时代医护工作的华彩乐章,以舍小家为大家的高尚情怀把人生的价值彰显在党和人民最需要的地方,为打赢疫情防控的人民战争作出了突出贡献,展现了白衣"皖军"的责任担当。

除了在一线奋战的医护人员,在疫情防控工作中,全省疾控人恪尽职守、攻坚克难、众志成城,筑起了疫情防控的第一道防线。他们是疫情防控决胜千里的参谋员,为政府部门提供精准又有前瞻性的专业防控建议;他们是抽丝剥茧的侦察员,第一时间赶赴现场进行流行病学调查;他们是一锤定音的技术员,为病例的确诊、排除和病愈者的出院及解除隔离提供最强的科学依据;他们还是最接地气的宣传员,开展科普宣传,传播科学、解疑释惑、安定人心,发挥了极为重要的作用,为全社会群防群控筑牢了隐形的防火墙。

历史不能忘却,英雄应被铭记。为大力弘扬抗疫精神,充分展现抗疫阻击战中我省广大卫生与健康工作者的精神风貌,凝聚共克时艰的抗疫力量,2020年5月安徽卫生思想政治工作促进会组织开展了"抗疫群英谱"主题征文活动,面向广大会员单位广泛征集反映安徽卫生与健康工作者抗击新冠肺炎疫情的故事,反映安徽卫生健康人"皖"美抗疫的真实故事,并组织编撰了这本《一往无前:白衣"皖军"在"疫"线》。

在这本书里,有记叙千里赴楚"紧急救援"的,有叙述隔离病区"生死时刻"的;在这里,记录了驻村医生"乡村抗疫",卫生精英"驻守国门",医疗专家"支援海外";在这里,有福尔摩斯般的疾控侦查员,有不畏生死的"战地记者",还有80后和90后的"青春风暴"。我们希望通过一线医务工作者的亲身讲述,还原这场特殊的战"疫",能够引领读者走近我们的医务工作者,走近这些我们心中的抗疫英雄,感受他们"一切为了人民健康"的使命担当,并从他们的真实感受中,传承和弘扬在这场同严重疫情的殊死较量中,中国人民和中华民族以敢于斗争、敢于胜利的大无畏气概,共同铸就的"生命至上、举国同心、舍生忘死、尊重科学、命运与共"的伟大抗疫精神。

编 者

2020年12月

# 目录

i 前言

## 第一编 白衣为甲 "援"远流长

002 对党忠诚亮初心,勇战疫情担使命
009 逆行武汉践行大爱,白衣执甲绽放光芒
014 安徽援鄂"第一人",争分夺秒与病毒赛跑
020 重症医生:抗疫最前沿的唤醒者
023 为"疫"消得人憔悴,衣带渐宽终不悔
029 只祈彼此身长健,同处何曾有别离
033 疫情大考中的90后担当
038 我和我最后的倔强
042 云销雨霁,武汉归来
047 第一次面对疫情,就像战士上战场
052 拯救一人的是英雄,拯救千人的是医者
056 夫妻携手奔赴抗疫一线
061 一份来自最前线的预备党员考察报告
065 "超治愈"方舱广场舞"火爆"网络
070 驻沪防控疫情,保卫国家大门

- 074　不同的战场，一样的使命
- 078　抗疫"侦察兵"，两地"战疫情"
- 083　伉俪异地同心共战"疫"，践行初心使命
- 089　艰苦战"疫"，深刻洗礼
- 095　跨越鄂皖大地，驰援中伊之间

## 第二编　悬壶济世　"皖"救生命

- 104　首例新冠肺炎确诊，安徽吹响"实战"号角
- 109　老支部书记的特殊生日
- 114　"拼命三郎"11天的坚守，"战斗不胜"不回家
- 117　初心护佑珠城健康，医者无惧疫情危险
- 122　奔跑在疫情防控一线的"铁娘子"
- 127　守土尽责，众志成城克时艰
- 133　"逆行者"身后那一双双温暖的手
- 137　合肥"小汤山"群英战"疫"记
- 142　药学部智慧中药房战"疫"日记
- 146　"三步、七方、治未病"，广泛采用中西医结合防控疫情
- 150　使命映照初心，守护母婴安全
- 154　60人团队全员"待产"，保障新冠病毒感染产妇平安生产
- 157　工欲善其事，必先磨其镜
- 161　守住城市的道口，就是守住病毒入侵的入口
- 164　爱的快递
- 167　一个人的元宵节
- 171　"笔尖"上的抗疫

## 第三编　防控尖兵　"疾"人之忧

- 178　疫情防控一线的检验尖兵
- 182　你的身影，是让市民最安心的风景

| | |
|---|---|
| 185 | 为了黎明的深夜阻击战 |
| 188 | 用心聆听,以声防控 |
| 192 | "变脸"不变心 |
| 197 | 向阳而生,逆风飞翔的疾控人 |
| 201 | 小小身板大能量 |
| 205 | 与时间赛跑,与病毒较量 |
| 211 | 一位"战地记者"的手记 |
| 215 | 夺冠之战,迎接春天 |
| 218 | 伉俪情深并肩抗疫,平凡之中大爱无声 |
| 222 | 抗疫日记三篇 |
| 225 | 您是这次抗击新冠肺炎疫情的一名战士 |
| | |
| 228 | 后记 |

第一编　白衣为甲　『援』远流长

# 对党忠诚亮初心,勇战疫情担使命

李 矗(中国科学技术大学附属第一医院(安徽省立医院)党委组织部)

疫情暴发后,我院党委书记刘同柱同志勇担疫情防控重大政治责任,主动请缨带队出征武汉,现场和远程调度指挥我院一线医务人员护皖和援鄂双线作战,出色地完成了党和政府交给的政治任务。

新冠肺炎疫情暴发以来,刘同柱同志作为中国科学技术大学附属第一医院(安徽省立医院)新冠肺炎疫情防控工作的第一责任人,带领全院职工全力抗击疫情,在安徽疫情逐步向好时,受命逆行武汉,担任安徽省支援湖北抗疫前方指挥部副指挥长,在"护皖"和"援鄂"双线作战中运用"科大方案"、贡献科技抗疫"硬核力量",为防控疫情作出了积极贡献。

## 超前谋划抗疫情　勇担责任保安全

面对突如其来的疫情,刘同柱同志带领全院职工把疫情防控工作作为医院头等大事,在中国科学技术大学和安徽省卫生健康委员会(以下简称省卫健委)的领导下,第一时间召开院党委会紧急研究部署,成立新冠肺炎防治工作领导小组,制定防控救治工作方案,设立10个工作组,按战时状态统筹全院抗疫工作。他带头取消春节假期,带领全院7000余名员工坚守工作岗位。2020年1月16日,安徽省卫健委成立新型冠状病毒疫情防控工作领导小组,启动公共卫生重大事件应急机制后,医院仅用1天时间就完成了标准发热门诊建设和隔离病房设置;第一时间将医院的感染病院区全部病房腾空,收治确诊及疑似患者;将院本部一栋独栋住院楼所有病房腾空备用,作为全省4家重症救治医院之一,确保应收尽收。截至2020年3月20日,医院发热门诊共接诊2000余人次,感染病院区收治确诊患者85例(包括危重患者29例)、疑似患者96例,治愈患者中年龄最小的4岁、最大的93岁,互联网医院免费提供新冠肺炎防控咨询服务1万余次,高质量地完成了安徽省新冠肺炎疫情防控应急综合指挥部布置的各项救治任务。

刘同柱(中一)祝贺安徽籍华中科技大学教师出院

医院先后组建了4批医疗队共163名医务人员驰援武汉。在武汉封城后,刘同柱同志超前谋划援鄂工作,号召全院广大医务工作者在打好安徽疫情防控阻击战的同时,随时做好援鄂准备,要求党员干部带头,发挥先锋模范作用。在院党委的号召下,千余名党员和职工主动请战,争当战"疫"一线先锋。为了打好有准备之仗,对全院全员进行了防控知识的分级分层培训,对重点科室、重点岗位及援鄂预备队进行了强化培训。每次支援武汉的指令一到,院党委均在24小时内组建成医疗队并出征援鄂。特别是第三批医疗队在我院的组建,时间紧、人数多、要求高。2月12日晚9点半,刘同柱同志接到国家卫生健康委(以下简称国家卫健委)紧急指令,连夜调度,医院仅用2个小时便完成了137人的医疗队的集结,第二天一早按时出征。

在抗疫期间,刘同柱同志多次主持召开院党委会专题研究部署疫情防控和救治工作,科学研判形势,把院内疫情的防控工作和新冠肺炎患者的救治工作作为重点中的重点。院内疫情防控工作重点是保护就诊患者和医护人员安全,以预检分诊为重点,对医院门诊、住院流程按战时状态进行再造。制定疫情防控期间各项规章制度40余项,通过严防死守,确保就诊患者和院内医务人员零感染,全力保障了患者和医护人员安全,保证了抗疫期间全省非新冠肺炎急危重症患者的救治。在新冠肺炎患者救治中以感染病院区为基地,坚持做到"集中病例、集中专家、集中资源、集中救治"。集中全院呼吸、重症、感染、心内等各学科各专业的顶尖专家组成多学科专家团队,对危重症患者实时制定最合适的治疗方案,做到"一人一案",大大提高了治愈率、降低了病亡率。

疫情暴发初期,医用防护物资紧缺。在最困难的时候,为了节省医护物资给一线人员,刘同柱同志尽量节省使用口罩。他带领全院职工积极呼吁相关企业、社会各界、爱心人士、科大校友捐赠,解了燃眉之急,使得一线医护人员,尤其是奋战在武汉前线的战士们的个人防护得到了保证,为确保援鄂医疗队员、医院医务人员"零感染"提供了物质保障。

### 最美逆行献大爱　众志成城渡难关

要最终战胜疫情,必须靠科技支撑。刘同柱同志全力支持中国科学技术大学的科研人员和医院的医务人员开展联合科研攻关。联合攻关小组将基础研究与临床治疗相结合,原创性地发现了通过抑制白介素-6阻断新型冠状病毒肺炎炎症风暴的机理并开展了相应的临床研究,取得了较好的效果,提出"单克隆抗体药物托珠单抗+常规治疗"免疫疗法的"中国科大方案"。该方案大力提升了安徽重症患者救治成功率,引起了国内专家的高度关注,中国红十字会及国家卫健委要求安徽派出专家组到武汉利用"中国科大方案"指导武汉重症患者救治。刘同柱同志明知自己有哮喘病史,仍主动请缨,率专家组赴武汉开展救治工作。

2月25日早上7点,专家组一行5人从合肥出发奔赴武汉。到武汉后,立即向中央指导组汇报方案,在中央指导组的统一领导和协调下,当晚召集了火神山医院、雷神山医院、金银潭医院等武汉市14家重症患者定点救治医院负责人会议,对"中国科大方案"进行了介绍和培训,并对具体使用推广作出了相应安排。自2月26日起,刘同柱同志带领的专家组与武汉市14家医院一一对接,用2天时间完成了14家重症定点救治医院的人员培训宣讲,建立了用药指导及信息报送的网络。经过各方努力,"中国科大方案"在武汉市14家重症定点救治医院迅速得到应用,取得了满意的临床效果。

中国科学技术大学联合攻关团队在武汉会议中心向中央指导组医疗救治组汇报"单克隆抗体药物托珠单抗+常规治疗"免疫治疗方案

本着对救治患者高度负责的态度,在援鄂的22天中,刘同柱同志每晚带领专家组及联络员召开视频会议,认真分析每位用药患者疗效情况,及时指导处理药物不良反应,持续总结提升,不断完善方案。"中国科大方案"也因此进入了国家卫健委发布的《新型冠状病毒肺炎诊疗方案(试行第七版)》,作为新冠肺炎重症治疗手段在全国推广。截至3月22日,武汉市已累计用药505人,为预防患者向重症发展,降低重症患者病死率起到了重要作用。

随着国外疫情形势日益严峻,意大利、美国和瑞典等国专家通过邮件咨询中国科学技术大学和附属第一医院的研究团队,关注"中国科大方案"的临床使用。刘同柱同志适时向中国红十字会提出建议,派出专家组指导国际抗疫,3月14日,中国科学技术大学附属第一医院派出2位专家赴伊朗指导使用"中国科大方案",同时派专家赴意大利参加救治行动。"中国科大方案"也列入了美国麻省总医院治疗新冠肺炎的指南。

## 临危受命敢担当　指挥调度作保障

3月3日,安徽省新冠肺炎疫情防控应急综合指挥部研究决定,成立安徽省支援湖北抗疫前方指挥部(皖鄂联防联控工作组),任命正在武汉一线抗疫的刘同柱同志担任副指挥长,负责武汉前线统筹协调安徽支援湖北各医疗队的工作,负责皖、鄂疫情联防联控的协调工作。刘同柱以高度的政治觉悟和责任担当,在统筹做好医院全面抗击疫情及在武汉14家医院指导应用"中国科大方案"的同时,接受了这一重要任务,坚守武汉,与安徽支援武汉全体医疗队员并肩作战。

刘同柱(右二)赴武汉中心医院看望安徽支援湖北医疗队队员

安徽一共有8批次1362名援鄂医疗队员,分别来自235家医疗卫生机构,服务武汉7家医院和4家方舱医院,管理难度大、任务重。刘同柱接受任务后第一时间联系安徽支援湖北医疗总队,分别到第一批至第八批安徽医疗队各个驻地看望了来自安徽各地的医疗队员,转达了省领导对队员们的问候,全面了解队员们的防护物资供应情况、工作生活情况、思想状态和身体健康状况,全力协调解决队员提出的相关问题和困难。有一个医疗队护理的都是重症患者,死亡率高,工作压力大,特别是看到一同战斗的武汉战友倒下的时候,队员们心头十分沉重,有一段时间许多队员要靠安眠药才能维持睡眠。刘同柱了解到这个情况以后,带领前线临时党委班子,通过多种方式进行心理疏导,联系受援医院给他们安排调休。通过一周的调整,队员们身心得到了恢复,以昂扬斗志再次回到工作岗位。安徽支援武汉的1362名队员,大多数是"90后""80后",年龄最小的只有23岁,"比我的孩子还小三岁",刘同柱说,"他们是这场战役的主力军,他们都是别人家的孩子,大多都是独生子女,有的甚至是瞒着父母报名来到前线的,因为出发前已了解到武汉有一些医务人员感染,大家做了最坏的打算。我暗下决心,只要自己不躺倒在武汉,我一定尽最大努力把他们一个不落地带回家。"

在第110个"三八"国际劳动妇女节当天,刘同柱到各相关医疗队慰问女队员,送去了节日祝福,为她们加油鼓劲。为了给队员创造较好的生活和工作条件,他深入各医疗队服务的医院走访,在武汉市金银潭医院、武汉市中心医院等医院,听取院方对安徽各医疗队工作评价和建议,与受援医院一起谋划了下一阶段的工作。

3月10日,刘同柱在武汉会议中心参加了习近平总书记亲自主持召开的视频会。会后,他立即组织召开了安徽医疗队视频会议,将习近平总书记的重要讲话精神和会议内容传达给安徽各医疗队员,要求大家认真学习落实总书记重要讲话精神,继续保持昂扬斗志,服从命令,听从指挥,不获全胜,决不收兵;要求大家要以感恩的心态对待武汉人民,对待广大病患,充分理解武汉为全国作出的巨大牺牲。

## 积极建言献良策　牢记职责为人民

作为省政协委员,刘同柱牢记委员职责,发挥其丰富的卫生管理经验及抗击"非典"老将的作用,利用各种渠道及时向省指挥部、省卫健委提出了许多合理化的建议。如在1月23日武汉封城的当天早上,以短信形式向省指挥部提出动员各级政府力量,摸排去过武汉、来自武汉的发热患者,专人负责住家或住院隔离;取消公共场所聚集;对全省发出倡议,春节期间尽量少聚餐,提倡电话、短信拜年;出入公共场所必须戴口罩等几条建议。在2月5日,针对安徽重症患者较多,救治医院力量参差不齐的现状,提出集中收治,利用好各级传染病医院和传染病区由综合医院对口支持的建议等。许多建议都得到了采纳并发挥了很好的作用。

2月13日上午,安徽省政协主席张昌尔到中国科学技术大学附属第一医院看望慰问防疫一线干部职工

省政协领导十分重视医院抗疫工作,非常关心抗疫一线的政协委员。2月13日上午,安徽省政协主席张昌尔到中国科学技术大学附属第一医院看望慰问防疫一线的政协委员,充分肯定了医院全体政协委员在疫情防控中发挥的重要作用,并给医院捐赠了500套防护服和500双医用手套。

抗疫期间,刘同柱夜以继日,连续奋战,全身心投入抗疫工作,精心谋划,靠前指挥,奔波于合肥、武汉两地。在武汉期间,跑遍了武汉14家重症救治医院和安徽医疗队所在的8家医院。他与时间赛跑,每天都工作15个小时以上,没有休过一个周末,他舍小家,为大家,不顾个人安危,一心为了救治病患,体现了一个共产党员全心为民的初心和情怀,一个政协委员的使命与担当。

# 逆行武汉践行大爱，白衣执甲绽放光芒

汪天平（安徽省血吸虫病防治研究所）

一直忙于工作，没有时间来整理和记录我们队员在武汉抗疫期间忘我工作和简约生活的点点滴滴，甚至让我动容的感人瞬间也因自己文笔拙劣难以用语言表达。虽然，我没有留下文字记录，但他们一幕幕令人泪目的事迹，同样永存我心。

2020年年初，武汉新冠肺炎疫情告急，全国各地紧急驰援武汉。1月27日，也就是大年初三，由我担任领队，带领185人组成的安徽首批支援湖北医疗队，深夜抵达武汉。

我们对口支援的是武汉东西湖区人民医院、太康医院以及金银潭医院。作为全国最早支援武汉的医疗队之一，在防控初期，我们面临新冠肺炎患者众多，患者一床难求，医务人员捉襟见肘，防护物资严重匮乏，生活用品供不应求等诸多困难。

到武汉的第二天，国家对我们进行了临床诊治和防控实践紧急培训，第三天我们进入医院开始对接。50名重症护理人员尚未安顿就绪，就迅速冲入金银潭医院最危险的红色雷区，进舱开展救治工作。为了尽快多收治患者，我们在东西湖区人民医院紧急增设3个新病区，接管了新增的81张床位；在泰康医院接管100多张床位基础上，火速开设9张床位的ICU病房；一场与时间赛跑、与病魔较量、惊心动魄的战斗就这样猝不及防地打响了。

没有医用防护服，就工业防尘服穿两件。没有N95口罩，就普通口罩戴两层。没有靴套就用塑料袋替代，没有正压头套就还用塑料袋。有一位63岁新冠肺炎患者，突然呼吸困难，严重缺氧，情况十分危急，需要立即进行气管插管。当时没有正压头罩,医疗队长姜小敢,立即率领治疗小组,没有迟疑,没有犹豫,用塑料袋充当头罩,及时插管,实施抢救,成功挽回了一个垂危的生命。我们的队员就是这样冒着被感染的风险,争分夺秒地救治患者。

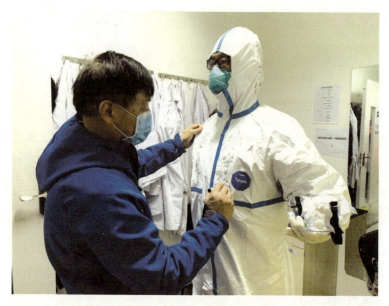

汪天平(左一)为进舱队员中国科学技术大学附属第一医院朱守俊加油打气

新冠肺炎传染性强,难以请到护工,家属也不能陪护。我们护理人员不仅要承担繁杂的护理工作,还要承担病区的卫生清洁工作,以及照顾患者的日常生活。闷热的防护服,密闭的N95口罩,连续工作6到8个小时,不吃不喝,还不能上厕所,其中艰辛难以想象。出舱时,队员们的内衣往往被汗水湿透,脸上留下了深深的压痕,身体往往疲惫不堪。因体力过度透支,我们的队员经常一坐上回程的班车,就不知不觉地睡着了。

说不完的劳累,道不尽的辛苦。铜陵市人民医院护士黄雯,在ICU病房因高强度,超负荷连续作战,体力不支两次晕倒,仍然坚持工作,轻伤不下火线。

宣城市人民医院护士徐娟,不小心被污染的针头刺破了手指,鲜血直流,她没有慌张,沉着冷静,简单处理后,坚持完成患者的救治。在暴露感染的风险下,这种精神和勇气令人敬佩!

池州市人民医院护士齐胜,给患者喂水喂饭、洗头洗脚、清理大小便,亲力亲为,不嫌脏,不怕累,多次自掏腰包,为患者购买生活用品。待患者,似亲人。

利辛县人民医院护士长李伟,创办心灵园地,开设暖心热线,开展心理疏导,为患者排忧解难。

一桩桩、一件件不胜枚举;每一个名字都闪闪发亮,纵有千言万语,也难以表达他们无私无畏、尽职尽责、大爱无疆的医者仁心。

作为一名长期从事疾病控制工作的专业人员,我经历过"非典",参加过1998年抗洪救灾、汶川地震救灾,带队支援过西藏。我有幸成为这个优秀团队中的一员,并被任命为临时党委书记、前线指挥部副指挥长和总领队。此次带队出征,我深感责任重大,使命光荣,我也充满期待,满怀信心。

我们医疗队共8批1362人,来自235家医疗卫生机构,在武汉分布在7家医院和4家方舱医院工作,分布范围广,协调管理难度大。在抗疫一线,我既当指挥员,又当战斗员,日夜奋战,忘我工作。每天晚上召开工作例会,听汇报,传指示,作部署,及时发现问题解决问题;每天早上为上班队员送行,为队员传递信息、加油打气,风雨无阻,从不间断;千方百计,不厌其烦为队员协调防疫和生活物资,提供物资保障,解决后顾之忧;登门慰问看望患病队员,为队员送生日祝福,嘘寒问暖,事必躬亲,体现组织温暖与关怀;不分白天黑夜穿梭于机场、火车站、酒店、医院之间,接送新队员,培训新队员,做好住宿、交通、饮食等后勤协调保障;组织专家远程会诊、开展现场研讨,引进最新治疗方案,让中医药发挥作用,竭尽所能提高治愈率,降低病亡率;基于职业的敏感性,积极与区卫健委对接,主动承担社区发热门诊、宾馆隔离点等巡查任务,亲临一线,靠前指挥。每天都有忙不完的工作,几乎天天工作到深夜,遇到突发应急事件就得通宵达旦,责任和压力是难以想象的,因连续超负荷工作,感冒了,也不能休息。可能水土不服,经常拉肚子,外衣被消毒液烧坏,双手被烧伤,早已身心疲惫,仍然咬牙坚持。

我努力以实际行动影响着、感动着队员。坚决做到:最先出征、最后撤离。坚持做到:为队员加油喝彩时,有我;当队员需要帮助时,我在。每当队员说,"汪队,您是我们的大家长!""您是我终生的队长,永远的领队!""您是我最可敬可爱的人!"时,我的疲劳一下子烟消云散,感到一切付出都很值得。

汪天平在武汉带领火线入党队员宣誓

抗疫期间,在我的组织、鼓励和号召下,队员的入党积极性调动起来了。先后有524名医疗队员递交了入党申请书,130名同志火线入党,咽拭子采样和气管插管等高风险工作冲在前面的是党员,医疗护理、生活照料和心理疏导争先恐后的也是党员。一封封感谢信、请战书和决心书里更有党员的名字。青年逆行突击队建立起来了,青年志愿者为病患提供贴心、暖心和爱心的服务开展起来了,我们队员主动捐款14万多元,为患者购买生活物资。党支部的战斗堡垒和党员的先锋模范作用充分发挥出来了,党旗始终在战地高高飘扬!

微光成炬,涓水成河。在湖北抗疫期间,我们安徽医疗队累计管理床位2166张,收治患者3156例,其中危重症达745例。从死神手中抢回了3000多条生命,拯救了上千个家庭。

我们成功主持实施了一项具有世界难度的危重症救治行动——VVA-ECMO,受到央视媒体关注;我们筛选出具有抗炎症风暴作用的托珠单抗,写入国家诊疗指南,在武汉和全国推广应用;我们率先发起的方舱广场疗法

("药物治疗+活动锻炼+心理辅导"的综合疗法)广为传播,成为网红;我们坚持防治结合,关口前移,对宾馆隔离点等开展巡回医疗指导,在医疗队中独树一帜;我们确立的分期分症,一人一方,辨证施治,效果良好,发挥了安徽中医药特色作用;我们推出的院感控制"三化方案",即优化院感控制流程、细化舱内控制规范、强化队员日常生活管理和监督,确保了全体队员零感染。总之,在湖北武汉新冠肺炎防控中,我们发出了安徽声音,树立了安徽形象,形成了安徽战法,展示了安徽力量,作出了安徽贡献。

# 安徽援鄂"第一人",争分夺秒与病毒赛跑

叶　晓（新安晚报社）

大年三十,本是一个普通的电话采访,短短几分钟,我已泪流满面。"我不想给当地医院添麻烦,因为他们真的是太难了。"作为最早到达支援武汉的医疗专家,马红秋被眼前的一切震撼了……同为医务人员,她对武汉同行的际遇感同身受。在武汉的54天,她每天只睡几个小时,尽自己最大的努力支援武汉,离开的时候,她一路上都在流泪。"我走的时候虽然是一个人,但是依然有骑警开道,武汉人民给了我们最高的礼遇!其实最辛苦的是他们。"马红秋说。

疫情就是命令。1月25日（大年初一）,安徽医科大学第一附属医院院感专家马红秋作为国家卫健委抽调的10名专家之一,也是安徽省唯一一位,连夜驰援武汉。

在武汉,她承担着一家收治新型冠状病毒感染肺炎定点医院的感染防控工作。沉甸甸的责任让她"不敢"浪费一分钟时间,甚至没有时间给家里报平安。争分夺秒,只为与病毒赛跑。

"在武汉,我们医务人员受到了来自市民和社会各界的'最高礼遇'。"疫情之下,她也被来自社会各界的爱心温暖着。

## 一个电话,她毅然奔赴武汉

春节前夕,新型冠状病毒肺炎疫情还没有引起大家的关注。作为国家医院感染管理专家,马红秋时时刻刻关注着武汉的疫情,向武汉的同行了解当地医院的情况。腊月二十九,明知疫情有扩散风险,现在也不在医院感染管

理岗位,但当接到了国家卫健委打来的电话以及国家医院感染质量控制中心发出的征集院感专家支援武汉的信息时,马红秋没有太多犹豫,当即给自己的爱人和弟弟打了电话,很快就做出了决定。"家人担心肯定是有的,但我爱人和弟弟都非常支持我的决定。"

马红秋唯一没有告诉的,是远在老家的父母。"说实话,我还是有顾虑的,唯一放心不下的就是80多岁的父母,他们身体不太好,特别是我妈妈患有椎管狭窄,几乎瘫痪,不仅生活不能自理,而且疼痛难耐,每天靠三四种麻醉镇痛药勉强维持着,今年春节约好回老家商量给妈妈做手术事宜的……"马红秋坦言,自己平时工作太忙,没有时间陪父母,这次出征武汉不能让他们为自己担惊受怕。

虽然已经55岁了,但她仍是母亲眼中的孩子。以往回家过年,因为平时工作太忙没时间睡觉,马红秋多半时间是在"补觉"。80多岁的父母从不舍得让她做一顿饭、刷一个碗。"今年春节原计划是陪年事已高的父母好好过个春节的,为他们做做饭,陪他们聊聊天。"

"什么时间能走?"在回复国家卫健委时,马红秋没有犹豫,"如果前方需要,立刻可以走。"

考虑再三,临行前她还是决定打个电话和父母道别。没想到得到了两位老人的支持,"孩子,党和国家需要你,以工作为重,一定不辱使命,不辜负亲友嘱托,我们为你加油!"

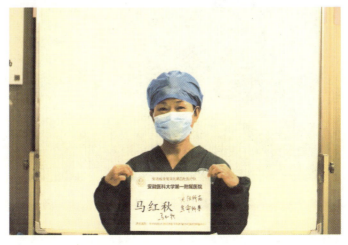

国家卫健委从全国紧急抽调的10名专家之一——院感专家马红秋

## 一场战斗,她是前线的"侦察兵"

马红秋所在的这家医院并非传染病收治医院,院内感染防控难度可想而知。

"这家医院没有传染病科,传染病以及医院感染防控经验不足。"到达武汉已是深夜,马红秋没有回酒店休息,而是马不停蹄地赶往自己要对接的定点医院进行摸底。

作为医院感染防控专家,不仅要熟知国家的相关法律法规要求,有丰富的感染病防治知识储备,更要有一双敏锐的眼睛,善于发现"感染风险"并评估"风险危害程度",更重要的是果断采取措施规避"风险"。

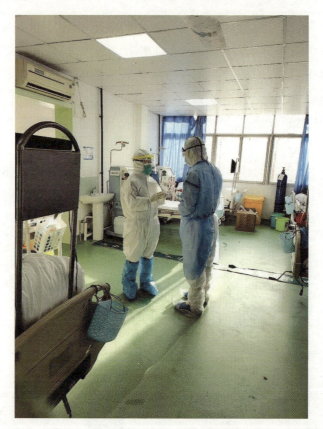

为排查医院感染风险,马红秋每天辗转穿梭于医院的各个角落

分析现状、理清流程、筛查感染患者、隔离传染源、监督医务人员做好防护、指导消毒……十几天来,马红秋像"侦察兵"一样穿梭于医院的每个角

落,特别是重症监护病房、收治确诊疑似患者的隔离病房和发热门诊、还有医疗废物储存等所有"高风险"场所。从制度的建立、流程的优化,到医疗废弃物的处理、转运车辆的线路规划等,马红秋都因地制宜地提出了很多改进建议,确保不疏漏一个环节。

争分夺秒,只为与病毒赛跑。眼下,马红秋的努力已经初见成效。"立足于医院实际,在现有条件下将医院的布局流程进行优化,梳理出薄弱环节、防控漏洞和感染风险点,因地制宜提出改进计划和建议。"马红秋说,现在医院环境优化了,就拿医务人员办公环境来说,污染源消除了,干净整洁了;还有工作人员进出通道与污染的车辆分开了,整个医院的分区和工作流程都得到了改进;医务人员自我防护意识以及防护技能提高了,再有就是工作的意义及重要性得到了医院领导及所有工作人员的认可,大家都认识到"防患于未然,遏难于未发"是感控工作的精髓,医院感染防控是患者与医务人员安全的守护神。

"让医院环境安全,医护人员和患者都能够在安全的环境下工作和得到救治!通过每一个决胜的防控细节,将保护医务人员和人民群众生命安全的坚强意志和决心,化作涓涓细流和防控的力量,传递到每位患者和医务人员身上,托起他们生命的希望之光和信心,筑牢防止新冠状病毒感染的最后一道防线。这就是我的职责所在。"马红秋说。

## 一份责任,每晚只睡两三个小时

2月4日晚八点,按照约定时间,马红秋准时接听了《新安晚报》记者的电话。和出征那天相比,她的声音听着非常疲惫。

白天在医院工作,晚上回到酒店便开始做制度、画流程图、写工作日记、学习最新的防控知识,马红秋每天留给自己的睡眠时间只有两三个小时。

"事情太多,压力太大,工作繁重,这些都远远超出我的想象,每天两三点钟才能睡觉。"十几天的连续作战,加之因工作难度太大引发的焦虑,让她的身体有些吃不消,开始出现心慌、失眠等症状。国家卫健委专家组长在了解到她的身体状况后,建议让她提前回家休息。"不能影响疫情的防控,换一个人来还要重新摸底,耽误时间。"马红秋谢绝了领导的好意,坚持边治疗边工作。

马红秋所工作的安徽医科大学第一附属医院的领导和同事,对她也都十分关心和牵挂。医院第一时间发了满含深情的慰问信;知道工作中有被感染的风险,眼科同事年三十加班为她配专用的防护眼镜;在医院防护用品极度紧缺情况下,好几个部门的领导、同事匀出防护用品为她做了准备;药房的同事们知道她是到武汉疫区支援,将常用备用药准备齐全;同行不同省的医疗队战友给她送去食品和防护用品;好友同事,给她寄去防护口罩;合肥南站站长亲自接送她、列车长为她安排商务座休息;更多的是亲友同事发来的叮咛、嘱咐、牵挂、加油的信息……疫情之下,她也被来自社会这个大家庭的爱心温暖着。

### 一份感动,武汉市民送来一日三餐

"能解决的问题我尽量自己解决,不想给他们添麻烦。"初到武汉,马红秋吃了几天的凉饭。

到达武汉后,医院给她在酒店安排好了食宿。但是当时因为正值过年,酒店不提供中餐和晚餐,附近的餐馆和超市也没有一家开门营业的。

马红秋并没有把实情告诉医院的工作人员。"他们工作实在是太辛苦了,我是来帮忙的,不想给他们添麻烦。"马红秋每天中午把医院食堂的饭带回酒店吃,饭凉了就用热水泡一泡。到了晚上,再将中午的剩饭泡一泡。就这样,马红秋坚持了将近一个星期。

一天晚上,一位武汉当地一家酒店经理得知她是来支援武汉的专家,在了解马红秋的情况之后,主动提出每天给她送一日三餐。这让马红秋非常感动。

"我们让社会感动,社会也让我们感动。"马红秋说。在武汉,医务人员受到了最高的"礼遇"。

### 一份牵挂,"每天给我们报个平安好不好?"

这个春节,马红秋的父母最期待的是收到女儿报平安的信息。

"秋儿,能否每天发一至两个短信或视频给我们,报个平安,再忙也要坚持,你看好不好?"

"秋儿,你吃饭、睡眠以及休息都是我们最关心和牵挂之事,你一定要处理好这几项事。留得青山在,不怕没柴烧!""我们一切均好,你现在是休息还是吃饭?你忙,不要马上回复,知道了就行!""都很好,放心吧。"因为工作繁忙,马红秋两三天才能向家人报平安一次。

收到消息时,老人家高兴得像个孩子。"太好了,这个消息比吃砂糖橘和小苹果还甜。"

远在美国的儿子,自从知道妈妈去武汉支援的消息,每天都在关注疫情变化,查找相关资料,时时提醒妈妈注意的问题,知道妈妈是个"工作狂",一旦工作起来什么都不顾,特意将注意事项一一列出,提醒妈妈下载做成手机屏保。

"不辱使命,不辜负亲友的嘱托,勇于向前,也要保护好自己。我们都是你坚强的后盾。孩子加油!"看到父亲的留言,马红秋更加坚定了战胜疫情的信心。

马子林　1-30 上午11:45
秋儿,你吃饭和睡眠以及休息都是我们最关心和牵挂之事,你一定要处理好这几项事。留得青山在,不怕没柴烧!切记!

 马红秋　1-30 下午1:20
都很好,放心吧

马子林　1-30 下午1:29
那就更好了!我们一切均好,你现在是休息还是吃饭,你不要马上回复。知道了就行!

马子林　1-31 下午11:30
秋儿,你好!能否每天发一至二个短信或视频给我们,报个平安,再忙也要坚持,你看好不好?

马子林　2-1 凌晨0:11
太好啦!这消息沙糖桔和小苹果还甜。

马子林　2-2 上午9:11
秋儿,这篇文章很适用,操作方法也简便,很好。我会按内容去做,放心吧!我们至今未外出去,吃饭等事无问题,你安心照顾好自己此什么都重要。

马子林　2-2 下午4:23
不辱使命,不辜负親友的祝托,勇于向前,也要保护好自己。我们都是你的坚强后盾。孩子加油!

**春节期间,父女微信聊天记录**

# 重症医生:抗疫最前沿的唤醒者

王 欢(皖南医学院弋矶山医院党委工作部)

"待武汉花开满城,我们一定平安归来",安徽第一批支援湖北医疗队员、皖南医学院弋矶山医院重症医学科副主任医师姜小敢,作为一名共产党员,在祖国和人民最需要的时候,越是艰险越要向前,履行医务工作者的光荣职责,为疫情防控贡献了"安徽力量",展示了"皖军风采",用实际行动践行了"疫情不退、我们不退"的庄严承诺。

在疫情防控一线,广大医务工作者冲锋在前,奋不顾身,与疫魔斗争到底,展现了白衣战士的责任和担当。安徽第一批支援湖北医疗队员、皖南医学院弋矶山医院重症医学科副主任医师姜小敢说,作为一名共产党员,在祖国和人民最需要的时候,越是艰险越要向前,履行医务工作者的光荣职责。

## 没有条件创造条件也要上

2020年1月27日,姜小敢作为安徽第一批支援湖北医疗队员驰援武汉,担任首批医疗队医疗负责人、危重救治组党支部书记和组长,先后在武汉太康医院、协和东西湖医院、武汉肺科医院开展危重患者救治工作。

武汉太康医院是东西湖区最大的私立医院,但是那里没有缓冲区、没有隔离带、没有热水器,甚至连速干手消毒剂都没地方挂⋯⋯"生命重于泰山,开设重症医学科是当务之急,没有条件创造条件也要上。"姜小敢说。

开科前一夜,他紧急号召将医疗队危重治疗组的防护物资整合分配,队员们都将自己珍贵的防护用品捐献出来:没有泡沫胶,就用被单塞住缝隙,确保新建的缓冲区隔断严密;没有消毒浸泡桶就用收纳盒代替……

安徽第一批支援湖北医疗队队员、医疗总负责人、
重症组组长,重症医学科医生

在到达武汉的第四天,经过全体队员的齐心努力,武汉太康医院重症医学科就正式建成了。在整体接管武汉太康医院奋战的一个多月时间里,一共收治了299名重症新冠肺炎患者,利用新建的ICU抢救了28名危重患者,有280名重症患者成功实现"去重症化",并最终实现了该院新冠肺炎患者清零。

## 用实际行动践行庄严承诺

"在武汉,危重救治组队员们即使面对困难,都没有任何人退缩,也没有任何怨言。"姜小敢说,在武汉肺科医院重症医学科开展工作时,科内有7台ECMO,6台床旁血液净化,13例有创机械通气同时运行,工作强度和难度可想而知。有些队员连ECMO都没有见过,但大家都不畏困难,利用休息时间分享、传阅资料学习ECMO管理技能,保证了救治工作的顺利开展,也受到其他医疗队同行和肺科医院医务人员的肯定和赞扬。

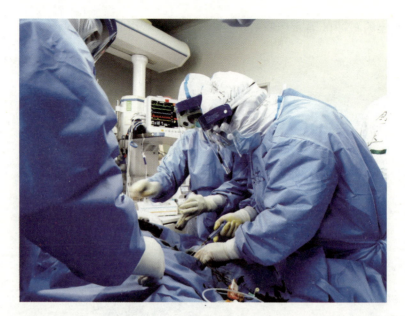

姜小敢（右一）在武汉肺科医院开展最高抢救技术VVA-ECMO现场

在肺科医院救治的危重症患者病程很长，他们的身体已经虚弱到极点。安徽医疗队重症救治组队员与全国6省市专家一道共同管理20位急危重症患者。队员们为了患者5%生的希望，倡导并成功实施了武汉地区最高抢救技术VVA-ECMO，为疫情防控贡献了"安徽力量"，展示了"皖军风采"，用实际行动践行了"疫情不退、我们不退"的庄严承诺。

## 为能尽一份力量而感到自豪

"能在国家遭遇这么严重公共卫生事件的时候尽一份自己力所能及的力量，我倍感自豪。"姜小敢还记得，当他们穿着安徽医疗队的队服走在下班的路上，偶尔有一辆汽车经过，车里的陌生人会摇下车窗对我们大声喊："谢谢！"这一幕，让他至今都觉得很感动。

"作为一名共产党员，在祖国和人民最需要的时候，越是艰险越要向前，履行医务工作者的光荣职责。"姜小敢说，"这是一段终生难忘的经历，这段经历饱满了人生阅历，丰富了人生内涵，既磨炼了心志，也提升了自我修为。"

# 为"疫"消得人憔悴,衣带渐宽终不悔

童佳兵(安徽中医药大学第一附属医院呼吸内科)

武汉战"疫"的每一天对我而言都充满挑战,医生是职业,是责任,更是荣耀。武汉归来再出征,援非抗疫又是一次经历、学习和成长。不辱使命,展现中国抗疫"硬核"力量和大国担当,为中非友好、团结抗疫贡献中医人的力量!

正月二十四,我向医院提出申请,驰援武汉。

正月二十七,我背起行囊,义无反顾出征武汉。

满载着全省医护人员支援湖北抗疫的嘱托和心愿,安徽支援湖北第七批医疗队到达了武汉天河机场,和我一行的还有来自全省66家医院的170名队员。

作为安徽省支援湖北第七批国家重症医疗队领队、党支部书记,我坚决贯彻落实习近平总书记重要指示精神及前方抗疫指挥部的决策部署,积极开展了医疗队党建工作、院感防护、医疗救治、物资和生活保障,确保医疗队各项工作紧张有序、平稳高效开展。

3月10日下午,我作为医疗队领队有幸在武汉会议中心现场聆听了习近平总书记赴湖北省武汉市考察疫情防控工作的重要讲话,深受鼓舞和感动。在汉期间,牢记嘱托,注重防护,把科学精准救治摆在第一位,最大限度提高治愈率,把中西医结合救治新冠肺炎推深做实做出了成效,为坚决打赢抗疫战贡献"安中人"的力量!

武汉抗疫34天,我带领医疗队整建制接管了武汉中心医院两个病区74张床位,成立危重救治专家组和中医药救治专家组,共收治患者61例,实现了医护人员零感染、救治患者零病亡。武汉抗疫中医药专业救治有高度,安徽医疗队服务有温度,阶段工作媒体报道有热度。

安徽第七批支援湖北国家重症医疗队领队、党支部书记,
呼吸内科医生童佳兵

## 重视党建工作,发挥党员先锋模范作用

到达医疗队驻地酒店已是2月20日晚上9点多了,我把全体队员安顿好已是凌晨1点,思绪万千,没有工作方案和指导手册,工作如何开展?心里没底,第一晚失眠到天亮,思来想去,还是决定先成立工作组,建立党支部。21日一大早我就召集医疗队相关人员开会,由于我们住的是公寓,没有会议室,只能在一楼大厅召开了第一次医疗队工作会议。医疗队有正式党员55名,预备党员5名。为充分发挥党支部的战斗堡垒作用和党员的先锋模范作

用,成立安徽支援湖北第七批医疗队临时党支部,经中共安徽支援湖北医疗队临时委员会批准,本人任总队党委群团委员、第七批医疗队支部书记,团结带领全体医疗队员,积极投身到新冠肺炎救治行动中。同时还成立青年逆行突击队,党员和入党积极分子为主要成员,充分发挥党员先锋模范作用和入党积极分子的标兵作用。抗疫前线支部共收到入党申请书60份,在总队党委指导下,先后召开支部大会,共"火线入党"发展预备党员11名,确定入党积极分子16名。

### 重视院感防护,做好队员未病先防

为了贯彻防护先行的原则,我把医护人员的院感防护放在首要位置,"零感染"打赢保卫武汉攻坚战是必须坚守的目标。21日晚上6点30分,我带领全体队员,6辆大巴车,车程45分钟到达培训酒店。安徽支援湖北医疗总队队长汪天平同志为我们第七批医疗队工作做了部署和要求,安排专家开展了专业防护培训,培训结束带领队员们回到酒店已是夜里近12点了。成立防护质控督导小组,对医护人员反复培训和严格考核,做到专业培训、技能实战、进入隔离区之前必须严格通过防护督查。

中医是我的强项,呼吸是我的专业。秉承"正气存内,邪不可干""未病先防"的中医理念,我在入汉第二天开始,想办法落实了为队员中医药预防保驾护航的措施。拟定新冠肺炎预防方,联系企业为队员们免费提供每人6剂复方颗粒让队员口服,向安徽省中医院申请防疫香囊供每位队员佩戴,以提高队员免疫力、保证抗疫战斗力,受到了队员的高度好评。

### 重视中西医综合救治,做好科学救治

作为国家重症医疗队,科学救治是我们最主要的任务。我带领医疗队整建制接管了武汉中心医院两个病区74张床位,成立危重救治专家组和中医药救治专家组。遵照习近平总书记"坚持不断优化诊疗方案,坚持中西医结合,充分发挥中西医结合优势"的指示精神,作为领队,我把"中医药及其特色技术早期介入、全程参与新冠肺炎救治和护理"的理念贯穿在救治工作的全过程。

新冠肺炎属于中医疫病范畴,疫疠之邪夹湿是本病的主要病理因素,结合武汉当地患者,总结该病的病机特点发现以"湿"为主,可兼见"毒、虚、瘀"

等特点。结合新冠肺炎发病特点和临床救治实际需要,将病程分为感染期和恢复期。感染期采取中西医综合治疗,中医治疗依据国家中医药管理局颁布的"清肺排毒汤"为基础,做到中医药早期介入、全程干预,辨证实施,一人一方。我们所接管的两个病区的患者减少了普通型向重型、危重型的转变率,提高了治愈率,做到了零病亡。

无论工作再忙再累,坚持狠抓医疗质量不放松,坚持每周两次查房不动摇。3月2日我在查房时,发现91岁高龄的患者高老,基础疾病有冠心病、高血压病、心功能不全、胃肠功能紊乱,伴有胸闷、便秘不适,予以优化中西医结合治疗方案,中药内服和大黄外敷神阙穴外用。3月11日该患者痊愈出院,我带领治疗组特地给老人家做了简单的出院欢送仪式,老人感动地说:"安徽人热情好样的,安徽中医了不起。"我们深受感动和鼓舞,更加坚定中医药治疗复杂重症的信心。作为中心医院国家医疗队联合专家组成员和联合医务处工作组成员,我积极参加院区患者收治协调和全院危重症患者病例会商讨论,让中西医结合参与救治危重症患者发出安徽中医人的声音。

"中医药特色护理也要全程介入新冠肺炎的救治,突出安徽中医的优势",开始病区工作时我就特别强调这一点。坚持高质量中医特色适宜技术治疗、心理疏导,全程协助患者树立信心,早日战胜病魔。除了常用的中医护理技术,还做好恢复期患者心肺功能锻炼,教会患者练习经络呼吸操,促进气血运行,达到锻炼肺功能、促进肺康复的目的。中药内服和中医药特色护

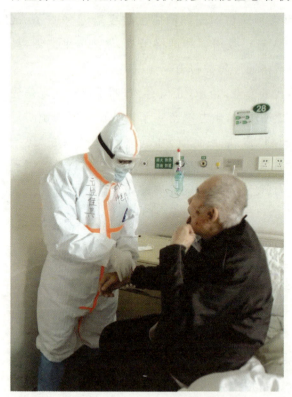

童佳兵查房时,与91岁高龄患者高老交流

理技术在救治新冠肺炎患者运用率达100%。看到患者脸上露出灿烂的笑容和出院时他们所表达出的由衷谢意,我们内心充满了职业的荣誉感和满足感,鼓舞了队员们救治工作的信心和热情。

## 为抗疫日夜操劳,自己白了头

为确保防护物资、医疗物资和生活物资得到充分保障,成立了协调保障组,我担任组长。在争取总队支持帮助的同时,还想方设法积极争取各方面的物资援助,确保防护物资有保障、生活物品有保障、上下班交通有保障,贵重防护物资亲自抓,保证防护物品精准发放到人。

作为领队,医疗救治、安全防护、协调保障,每一天都在超负荷工作,克服难以想象的困难和压力,但做到了立场坚定、毅力坚强、一线坚守。女儿今年初三,也是关键之年,放弃陪伴孩子学习的关键时期,到了武汉之后头发白了很多,但我无怨无悔。"为'疫'消得人憔悴,衣带渐宽终不悔",去了武汉,不留遗憾!武汉之行是一段让我终生难忘的人生旅程!感受到社会主义制度集中力量攻坚克难的优越性,感受到中国人民强大的向心力,感受到中医药在治疗急性传染病的显著疗效!

## 不忘初心,援非抗疫再出征

使命在肩,初心不改。8月19日,中国第三个医师节当天,作为中非团结抗疫特别峰会后的首支中国抗疫医疗专家组成员、副领队,我再次整理心情、背起行囊,踏上了赴南苏丹、几内亚的新征程,为援非抗疫,贡献一名中医人的力量!

援非抗疫20天,先后飞行约45个小时、飞越3万多公里,穿行8个时区,奔走位于东非、西非的2个国家,从非洲大陆的热带草原到湿热雨季,从英语国家到法语国度,从车上穿着防弹衣到疫区穿着防护服,冒着双重危险。从踏上非洲土地起,在遥远的非洲疫情防控一线,驰行5000多公里,克服时差、水土不服等困难,全程无休,工作密集,实地走访公共场所和民间社区,与当地卫生部及议会应对新冠肺炎疫情委员会、医院、疾病预防控制机构、国际组织(WHO、红十字会)等就新冠肺炎疫情防控、救治、护理、实验室检测、发热门急诊以及隔离病房管理和个人防护等方面进行交流,与当地医护人员更是面对面分享抗疫经验,手把手传授技术要领,肩并肩开展抗疫合作。

中国赴几内亚抗疫医疗专家组(左四为童佳兵)

援非抗疫20天,我们参访当地医疗机构18家,召开座谈会和技术指导33场,培训当地医护人员共1300余人次。人民日报等中央媒体对专家组工作报道转载了200余次,外交部在新闻发布会上对专家组的工作发布了3次。不负重托、不辱使命,用实际行动贡献了安徽智慧和中医药技术,展现了中国抗疫"硬核"力量,展示了中国作为负责任大国的形象,为中非团结抗疫、传统友好作出应有的贡献!

有幸作为唯一有武汉抗疫经历、在"红区"和病魔战斗过的专家组成员,再次逆行出征,圆满完成此次援非抗疫任务,时间虽短,但经历丰富,惊心动魄,记忆深刻,不枉此行,受益良多。这对我又是一次经历、学习,更是一次成长,对医生有了新的认识:是职业,也是责任,更是荣耀。

有幸作为抗疫代表获得全国抗击新冠肺炎疫情先进个人,心怀感恩,把荣耀当作鞭策、化作动力,不忘医者初心,继续弘扬伟大抗疫精神,自觉在思想上、政治上、行动上同以习近平同志为核心的党中央保持高度一致,砥砺奋进,做好本职工作,坚持生命至上、以患者为中心,做一个有担当、有温度的医生,为夺取抗疫斗争的全面胜利贡献一份力量!

# 只祈彼此身长健，同处何曾有别离

白　寰（安徽医科大学第二附属医院党委宣传部）

青春常常被赋予希望、阳光、激情、奋进、浪漫的内涵，但人的一生只能享受一次青春，当我们把青春与党和人民的事业紧紧相连，我们所创造的就是永恒的青春。

生命重于泰山，疫情就是命令，防控就是责任！自2020年1月新冠肺炎疫情暴发以来，安徽医科大学第二附属医院党委积极响应党和国家坚决打赢疫情防控阻击战的号召，全党全国全军全民众志成城，紧急防疫抗疫。当接到上级的命令后，医院呼吸与危重症医学科年轻的主治医师费君没有一丝犹豫，立即主动请缨，第一时间向科室和医院党委递交了支援湖北的请战书。

## 白衣红心　逆向前行

费君是2019年11月刚转正的一位新党员。对于30多岁的她而言，救死扶伤、身先士卒既是职业要求也是党员责任所在。2020年1月26日晚，安徽省紧急组建医疗队赶赴武汉，需要医院选派一名呼吸科的医生。费君在报名之后，才告诉爱人这个决定。同样身为医生的丈夫非常理解并支持妻子的选择，并嘱托她一定注意安全，安心去武汉工作。但是最让费君放心不下的是正在幼儿园上小班的儿子和年迈的父母。

"妈妈要去出差了，你在家里一定要听爸爸的话。"小家伙一听说妈妈要出差去看患者，便问"妈妈，患者的病重吗？""是的，妈妈出差很忙，即使带着你也没时间陪你。""妈妈下次出差要带上我！"在许下约定后，儿子临睡前批准了妈妈的"请假"。然而对于父母,费君表示,先瞒着老人吧,等回来再和他们说。就这样,费君带着一颗白衣红心,决定逆向前行,暂时"放"掉小家,勇敢"保"卫大家。

安徽省首批支援湖北医疗队队员、呼吸与危重症医学科医生费君

## 有时治愈　常常安慰

1月27日,费君跟随安徽省首批支援湖北医疗队、还有同院的4名战友驰援武汉。和同事不同的是,费君作为团队唯一的一名医生,并没有和其他4名同事安排在一个医院,她被分配到了武汉协和东西湖医院呼吸内科六病区。"临床专业治疗是一方面,精神上的鼓励更是不可或缺。普通病房的患者由于没有家人的陪伴,加之对疾病的恐惧心理,心里非常需要安慰。"

她刚到医院没多久,便迎来了第一个单独值守的夜班。当天来了一位新患者,是一位老奶奶,当她去询问病史的时候,老奶奶情绪很不好,不睁眼也不说话,拒绝回答任何问题。费君知道,在没有特效药治疗病毒的情况下,让患者保持积极乐观的情绪十分重要。她就开始耐心和老奶奶聊天,拉拉家常套近乎,说自己是安徽的,专门来帮助武汉人民的。老奶奶逐渐接受了费君,没多久便把自己的病史和盘托出。费君跟当地医院的同事说道,很多患者病灶虽然不是非常严重,但是经过一段时间的隔离治疗,心理压力非常大,很焦虑,要理解他们,在治疗的同时更要给予他们更多的心理支持与安慰疏导。

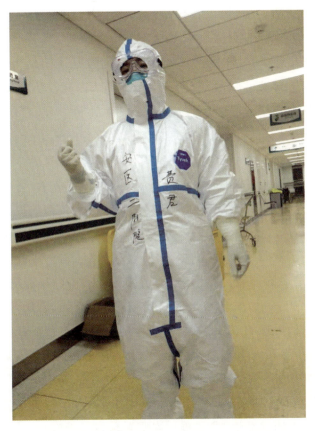

在武汉协和东西湖医院的费君为自己打气

在工作之余,费君还和其他省市的医疗队员一起,给病区里的患者购买了食品和生活用品。费君说,我们不光需要在医疗上给予患者以救助,在生活上也要给他们提供更多的方便,让大家能够安心把病养好。费君和队友们把购买的物资一一分装打包好,给每个病床的患者送到床边,这一份份微小的爱心让患者都感到很惊讶,也深深感动。其中一位武汉的患者孙大爷激动地对费君说:"感谢你,是你和你的同事保卫了我们的生命安全,你们为我们付出了太多,感谢你们这些白衣天使,感谢安徽医疗队,感谢党和政府。"

## 牢记使命　坚持到底

"自从来到武汉,深深感受到武汉人民和社会各界给予我们的帮助和关心,他们对我们进行了无私的捐赠,我们能感受到温暖,也想把这份温暖传递给我们的患者。支援武汉虽然辛苦、风险大,但是作为一名医务人员和共产党员,治病救人、冲锋在前是我义不容辞的职责。"3月18日,费君在朋友圈中说,经过近2个月的努力,她和治疗组的同事们勠力同心、科学抗疫,成功救治了90余名患者。患者全部出院了,在武汉协和东西湖医院的工作也告一段落,抗击新冠战役取得了阶段性胜利。

"只祈彼此身长健,同处何曾有别离。"费君曾向采访她的记者表示,在武汉的每时每刻都觉得自己的责任重大,虽然每天在病房穿着厚厚的防护服,有时连续工作十几个小时,但好像从来都不觉得疲惫。每当看到患者逐渐好转,内心都会感到莫大的安慰,觉得通过工作为疫情的控制贡献出了自己一份微薄的力量。

虽然战"疫"取得了阶段性胜利,但武汉仍然还有一些危重患者需要救治,来不及做过多的休整,费君又主动请缨转战武汉肺科医院。她来到肺科医院的重症监护室后,发现这里的情况超乎了自己的想象,7台ECMO在工作,血液透析机、呼吸机在不停运转,患者随时随地都有呼吸心跳骤停的风险,自己时刻都要准备开展各项抢救工作。3月中旬的武汉,最高气温甚至接近30℃,穿着厚厚的防护服与隔离衣,汗如雨下,衣服湿了又干、干了又湿,连续工作四五个时下来,对身体是极大的考验,作为安徽医疗队唯一一名在重症监护室的女医生,费君再一次坚强地挺了下来。

去时白雪皑皑,归时繁花盛开。在这60多个日日夜夜里,费君倾尽全力奋战在抗疫一线,越是艰险越向前,毫无保留地把自己的专业知识和全部能量贡献给了患者和武汉人民,用自己的满腔热血,践行了一名医者、一名共产党员的初心和使命。

# 疫情大考中的90后担当

王晓璐（安徽省第二人民医院宣传统战部）

2020年新型冠状病毒汹涌而来之时，1994年出生的王琪随安徽省首批支援湖北医疗队于1月27日晚抵达武汉开始救治工作。王琪所在的金银潭南六ICU病区收治的新冠患者，除了病重就是病危。高危的环境、高强度的工作量，呼吸机、ECMO等高精尖的仪器，对王琪这样的护理工作者需要更高的专业知识和素质，更严格的护理要求，更强大的心理素质。

王琪，安徽省第二人民医院神经外科ICU护师，安徽第一批支援湖北医疗队队员。在2020年新型冠状病毒汹涌而来之时，1994年出生的王琪是安徽省第二人民医院首批医疗队中年龄最小的护士，但却是省卫健委征集出征名额时全院第一个报名的护理工作者，随安徽省首批支援湖北医疗队于1月27日晚抵达武汉开始救治工作。

## 责任与爱心，赢得同事、患者一片赞许

王琪从踏入工作的那一刻起，她就把自己的青春和命运交付给了护理事业，"当一名白衣天使，用无私奉献为患者架起生命的桥梁……"成为她事业追求的航向。在神经外科ICU工作期间，工作繁杂，护理量很大，患者所有的治疗、护理，包括喂饭、大小便都由护士完成。她在护理患者过程中，不怕苦不怕累，就如神经外科经常有喷射性呕吐、大小便失禁的患者，为了患者安全与舒适，她总是和护士姐妹一起冲在前头，耐心擦拭清洗。

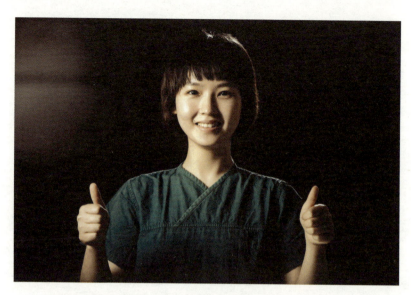

安徽第一批支援湖北医疗队队队员,神经外科ICU护士王琪

ICU的工作性质让她很快熟练地掌握从"三查八对"开始的护理与治疗,从简单的静脉穿刺到动脉监测、呼吸机的使用,从口护到吸痰、气切护理,从翻身扣背到熟练掌握疾病护理与各管道护理,认真负责,始终在工作中保持着良好的心理素质和任劳任怨、爱岗敬业的专业精神,不计得失,常常超时工作,得到了医生同事与护士姐妹的一致认可。

## 逆行驰援武汉未曾犹豫

2020年1月27日,正是大年初三。以往这个时候,作为神经外科ICU护师的王琪应该结束了医院的值班工作,回到魂牵梦萦的故乡,与家人团聚。

但这一次,她却坐上车,去往与家背道而驰的方向。

就在前一天晚上11点30分,她看到护士长在科室工作群里发来消息:新冠肺炎疫情在湖北省武汉市蔓延,当地的医疗战线尤其是ICU急需人手。安徽省正组建首批"援鄂抗疫"重症医疗队,欢迎有意愿的医务人员报名参加。

看到这条消息之后,王琪没有丝毫犹豫,第一时间向护士长报了名。于是,在此后不到24小时的时间里,她所处的地理位置从合肥市移动到了武汉市,她的心理位置,也从家变成了疫情战场。

## 最严格的防护,最危险的一线

"最近武汉一直是阴雨天,温度有点低,对于我来说还挺好,上班路上凉风袭来,干起活来没那么热了。"这是王琪写在日记里的话。她支援的武汉市金银潭医院从2019年12月29日起,就开始接收武汉市首批新冠肺炎患者,可以说是武汉市抗击疫情的最前线。而她工作的ICU又收治了感染病毒比较严重的患者,所以每一天的工作,她都必须做好全面的防护。

成人纸尿裤是必需品,因为工作中她没有时间,也不能去卫生间。在进入病房前,她要穿一层隔离衣、一层医用防护服,再戴着手套,套上鞋套,戴好帽子,戴好N95口罩,再加戴一层防护面屏。这些步骤严格且必不可少,穿戴完毕,至少需要她花上十几分钟的时间。此刻的她,全身被裹得严严实实,随着大口的呼吸,她的眼镜和防护面屏上很快就起了一层层雾气,眼前的一切都变得湿答答、雾蒙蒙的。在这样艰苦的条件下,她平均每天要工作6个小时,有时甚至长达10个小时。

她的工作分白班和晚班。白班有两个时段可以选择,从上午7点20分工作到下午1点,或者从下午1点工作到晚上7点;晚班也有两个时段可以选择,从下午6点工作到凌晨1点,或者从凌晨1点工作到上午9点。这期间,她负责7到8个患者,不仅要为患者输液、抽血、透析、换药、记录各种检验数值,还要对患者进行翻身、喂食、排尿等生活护理,工作强度非常大。她记得自己第一次上"战场"是在1月28日,大年初四。虽然是夜班,只需要照顾2个患者,但对她来说依然是一个"兵荒马乱"的夜晚。"因为不熟悉,光是找东西就能忙到脚不沾地。"

由于工作忙碌,时间紧张,她经常赶不上饭点,常在酒店里泡方便面充饥。在武汉这座美食之城,她吃的最好的一餐是社会爱心人士捐赠的自热火锅。

即使忙完工作精疲力竭地回到酒店之后,她也不能放松。首先,她要做好身体清洁,清洗鼻腔和耳朵,洗澡的时间不少于30分钟。随后,她还要将当天穿的衣物用消毒液浸泡、清洗。这些事情做完,可供她休息的时间也不多了。

但是,这种种的辛苦和困难总会被她忽视,在武汉市的这么多天里,王琪脸上露出最多的表情,是乐观的笑容。

## 大胆与细心,抗疫一线彰显英雄本色

在王琪看来,在武汉市金银潭医院的ICU工作和她在安徽省第二人民医院神经外科ICU工作并没有什么不同,她只是换了一个地方而已。她说:"工作中的辛苦和困难,这是我在出发前就已经了解的,进入抗击疫情的'前线'会承担什么样的风险,这是我做出决定时就已经考虑过的。所以我不害怕,我相信,不管是怎样的困难,我总能一点一点克服。我坚持,什么时候战胜了疫情,什么时候再退下'前线'!"

正是考虑到了种种困难与风险,这个1994年出生的女孩最初没有将自己的决定告诉父母,直到在武汉市疫情稳定了下来,她才敢和父母报平安。

**王琪入驻在武汉疫情的"风暴中心"金银潭医院**

正是预料到将有极大的工作强度,王琪从不喊苦喊累,更多的是想如何提升体能,更好地工作。她在日记里写:"今天又是9个小时才从重症病房出来,为了节约防护物资,中间一直穿着尿不湿无歇无休,想想以后回家还得老老实实运动,才能在有需要的时候更扛得住!"

当被问起,等到疫情结束她返回家乡之后,需不需要一个假期好好休整时,她想了想,调皮地答道:"我回去之后,肯定要隔离14天,那时早就休息够了,就想回去上班!"

ICU的患者病情都较重,但病房里的气氛却不是低迷和沉重的。王琪说,病房里总是有一股劲,那是强烈的求生意志。

王琪照顾的患者中,有一个老爷爷的病情非常重,连做吞咽的动作都很困难。但是老人伏趴在病床上,在王琪的鼓励和帮助下,还是一点点地吞下药剂,说:"我愿意试,只要能活下去!"

看着他们咬着牙坚持与病魔斗争,王琪想,自己也要迎难而上,决不后退。

这里的很多患者都是上了年纪的老人,操着一口熟练的武汉方言,王琪刚开始听时,常常一头雾水。但她从同伴那里学到了小技巧,将一些武汉话中的生活用语和医疗用语整理出来默记在心。现在,她听到患者喊"窝色",就知道他是想去厕所,听到患者要"福子",就是要毛巾。当她看到患者举起大拇指,对她说"过细"时,她就会回复一个大大的笑脸,因为她知道,那是患者在夸她细心。

王琪作为一名90后年轻"战士",坚持与时俱进、坚决拥护党的领导,热爱社会主义祖国,认真学习并深刻领会习近平新时代中国特色社会主义思想,积极参加各类政治业务学习,不断提高自己的政治水平和自身思想觉悟,在抗疫的第一线第一时间递交入党申请书,积极向党组织靠拢。

在武汉抗击疫情的过程中,王琪不惧风雨、逆行出征,披上战袍,站在离危险最近的地方,用舍生忘死和勇于奉献的实际行动,以责任、担当和价值诠释了当代青年舍小家为大家的家国情怀。

# 我和我最后的倔强

王 健 (合肥市第一人民医院ICU)

每个时代,都有不同的英雄,而战斗在一线救死扶伤、逆向而行、迎难而上的逆行者就是今天的英雄。我坚信,湖北的地铁会回归拥挤,街道会重返热闹,胡同里的早餐铺子和市中心的歌酒霓虹,都会一如往常。相信爱与希望蔓延的速度,一定会超过病毒,一切都会过去,一切都会重新开始。

2020年初,中华民族遭遇了新中国成立以来传播速度最快、影响范围最广、疫情影响最深的公共卫生事件,武汉市无疑是此次疫情的暴风眼,合肥市第一人民医院积极响应国家号召,吹响了支援武汉集结号。作为一名重症人,我早已做好心理准备,在第一时间报了名,成为一名逆行者,虽然父母年老多病,孩子也还未满百日,但我知道有国才有家,作为新时代的青年,我必须站出来!这是我的倔强!

我仍清楚记得,1月26日下午4点,在得知我报名后,我的爱人一直在流泪,我的妈妈也在"责备"我逞能,但是他们依旧很认真地在为我准备物资,拖鞋,卫生纸,方便面……他们是能塞多少塞多少,恨不得把整个超市都塞进去,小小皮箱承载的是家人大大的爱。看着躺在一边的咿咿呀呀的女儿,多么可爱的宝宝,这是我最舍不得的人,爸爸和你去拍百日照的约定要失约了,内心的爱和愧疚无法言表。

我仍清楚记得,从报了名的那一刻起,我的电话就一直在响,领导、同事在敬佩我的同时更多的是谆谆叮嘱我做好防护,平安回家;科里为我准备了大量防护物资,也在第一时间为我培训穿脱防护服和院感相关知识。26日下午,院长戴夫和护理部主任潘爱红带领护理部和医院各个领导为我和姚盼盼举行盛大的出征仪式,在送来鲜花和掌声的同时,送给我更多的是嘱托!

1月27日,合肥市第一人民医院为该院援鄂战士王健(右三)和姚盼盼(左四)举行欢送仪式

我仍清楚记得,1月27日中午,安徽省卫健委发出集结令,不到4个小时,全省各市的医务人员就集合完毕了。很多人都只背了一个书包,我却带了整整6大件,我的背后有强大的家人、朋友和市一院。在去往武汉的列车上,我把该交代的都告诉了我的爱人。万一有所不测,她也好有个心理准备。我自始至终都未曾害怕过,我只是觉得作为重症人,我要上!作为中国人,我更要上!

这次在派往湖北支援救治重症患者时,重症护理人最受"欢迎",全国派去的28679名护士,其中重护人约5500余人。青年重症人用事实和行动证明,我们不仅没有掉链子,而是堪当大任,能够与人民齐开拓、同祖国共奋进的一代。我所在的护理小组,一行4人,最大的是1990年出生的,最小的是1998年出生的,无论在武汉市太康医院和东西湖区人民医院,还是在武汉肺科医院,我和我的90后战友始终坚守在护理重症患者的第一线。抗疫初期,各项资源都十分短缺。没有头套,我们就戴上宾馆的浴帽;没有鞋套,就绑上超市的塑料袋；没有足够防护服,我们就坚持在工作时间里不吃、不喝、不上厕所。每天下班脱去防护服,内层工作服能拧出水来,虚脱至极。我们总是说:"来到这里就是为了战斗,我们必须拿出自己百分百的战斗力!"

新冠肺炎患者的确诊、治愈出院,都离不开核酸检测,而咽拭子采样是核酸检测的关键步骤。让患者张开嘴,将棉签伸进咽部,飞快轻拭。看似简单的操作,感染风险却很大。有的患者耐受力比较好,能够张开嘴部配合医护人员取样,但有的患者耐受力则较弱,咽拭子擦到患者咽后部时,有的患者会反射性地恶心、呕吐和咳嗽,甚至推开医务人员,这时候就会有很大的气体污染,增加医务工作者的感染风险。然而,每一次采集,都不可以有丝毫懈怠。如果采样出了问题,漏诊了阳性病例,不但会影响这名患者,传播后果也不堪设想。考虑到样本的合格率,作为团队的"小大哥",我必须要把方法掌握好,并给大家做表率,以减轻队伍其他成员的压力。

我们最大的希望就是患者康复。一直从事ICU临床护理的我们参与了重症医疗救治任务,任务重风险大,患者病情重,病房始终处于满员状态,很多还在做血透,病情最重的患者需要使用ECMO。你能想象到一个病区最高峰同时有7台ECMO在运行的场景吗?可能再也无法看见这样的场景。但是因为之前我们很多人从未接触过ECMO,我们只能在工作之余,恶补相关专业知识,我们坚信,只要付出百倍努力,就一定会有回报。就算是吃再多的苦,只要能最大限度降低危重症患者的死亡率,这一切都是值得的。

身为新一代的青年,同时也肩负着市一院的荣誉和使命,不管前路多艰,我们始终坚守奉献在抗疫的最前线整整65天,65个日日夜夜里,我们每天都在超负荷工作。我们用自己的实际行动诠释着"市一人"的责任与担当。我和我的团队先战武汉市金银潭医院、武汉太康医院、武汉东西湖区人民医院,后战武汉肺科医院,共整建制接管7个病区、管理11个病区。在金银潭医院期间,累计管理患者987人,其中,重症77人,危重127人,护理ECMO患者23人,平均各班次进行15次血液净化治疗上下机。在武汉东西湖区人民医院及武汉太康医院期间,管理床位212张,累计好转出院318人,治愈出院199人。在肺科医院期间,团队成功完成国际顶尖治疗技术ECMO置管2例,脉搏指数连续心输出量检测1例。能作为安徽第一批援鄂医疗队的一员,我感到莫大的荣幸!

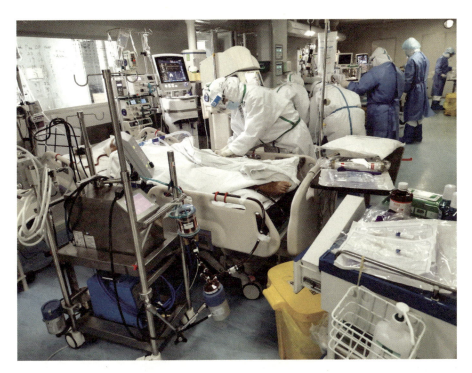

王健(左一)正在为新冠患者动脉采血

我一直都不认为自己是个英雄,我只是和大家一样,在履行自己的责任。在坐专机到合肥机场的那一刻,见到来接我们的医院院领导,一股暖流流入心田,看到自家医院的人真的就像看见亲人一样激动!在前一天我就知道不是每个单位都能进机场接人,可我们医院的领导们想尽办法第一时间来机场接我们,他们站在最显眼的地方挥舞着院旗,那一刻我心中无比自豪!

隔离期结束后,在分别79天之后,院领导更是亲自来巢湖接我和盼盼回家,见面就给我和盼盼一人一个大大的拥抱,家乡的人民为我们举行了盛大的欢迎仪式,妈妈见到我时抱着我不松手,我知道这是母亲在我去时悬着的心终于放下的表现。我只是一名普通护士,医院却给了我至高无上的荣誉,家乡人民给了我无限的牵挂和思念。你们说谢谢我的付出,我更想说的是谢谢你们的牵挂和支持,来自医院、朋友、家人的关心贯穿着我在武汉的每一个日日夜夜。

# 云销雨霁,武汉归来

陈冬环(池州市人民医院全科医学科)

光阴荏苒,韶华易逝,不负流年,愿山河无恙,人间皆安!

岁末年初,新冠肺炎疫情震荡了整个中国,也震荡了我两点一线、平静如水的生活。疫情发生时,国家迅速开展了全方位的防控及救治工作。此刻,疫情向好,我又重新站在已拥有五月温暖的家乡风景里。蓦然回首,内心澎湃不已……

## 豪 情 请 战

基辛格在《论中国》中说:"中国人总是被他们之中最勇敢的人保护得很好。"1月23日武汉实行了封城,紧接着国家发动全国医务人员驰援武汉!1月26日晚上6时接上级要求,池州市人民医院迅速组建援鄂医疗队;因为疫情的特殊性,需要呼吸科、感染科和重症科护士。作为一名党员和护士长的我,有责任、有义务冲在抗疫最前沿。于是我不假思索,第一时间报名参加援鄂医疗队。

一切都来得如此突然。回到家后便接到第二天就出发去武汉的通知。老公回来后,我赶紧告知了这一消息,多年的夫妻生活让我俩已有着无形的默契,他没有责怪我,只说了一句极为实在的话:"我只有一个要求,活着回来就行!"考虑再三,给妈妈的电话一直没打,想着瞒一天是一天吧,不想给老人增添额外的压力和担忧。其实最不舍得的是两个孩子,但一想到武汉那边众多等待救治的患者,我又坚定了自己内心的想法。

## 初 入 荆 楚

带着满心不舍和无限勇气,1月27日晚上7点多我随安徽第一批援鄂医疗队踏上了开往湖北武汉的列车。9点多我们就到了武汉站,平日里熙熙攘攘的站台在此时显得异常冷清,站台上除了185名医疗队成员,再无他人。看着这满城的黯然,这座城市是真的"生病"了,瞬间感受到双肩上沉甸甸的压力。但愿我们的到来能让这座英雄的城市早日恢复往昔神姿,愿英雄的武汉人民能早日沐浴明媚春光。

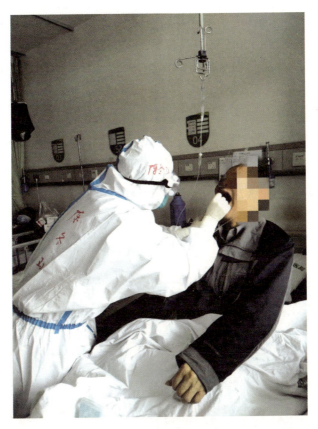

陈冬环在武汉协和东西湖医院为一位住院第五天的患者
进行核酸采样,复查核酸是否转阴

医疗队一行抵达武汉后,经过短暂休整和岗前培训,我和几个同事被分配到武汉协和东西湖医院。东西湖医院陆续开设了5个病区专门接收新冠肺炎患者,我们到来之后,东西湖医院在原来的5个病区基础上又陆续开设了6个病区。医疗队于1月30日正式进入病区，尽管我们去之前已经做好了充足的心理准备，但是实际情况还是让人颇受震撼。

病房里不仅患者多，而且危重患者占了一半以上，6个小时的工作中，除了用药、辅助检查，还要送餐、喂饭、给患者接大小便、洗衣服、病房卫生清洁……我们集护士、护工、卫生员等工种于一身，没有一刻的停歇。这也让我真正认识到武汉疫情的严重和抗疫工作的艰难。身体累点真的不算什么，真正沉重的是心理上的压力。当时我甚至有一种深深的挫败感，我问自己：在这次抗疫中，我真的能帮助到武汉人民吗？我们真的能战胜这次疫情吗？我到底能不能平安回家？于是我开始在QQ上写日志，当时是怕自己万一有什么意外，让家人和朋友能知道我在武汉的经历和思考，整个援鄂期间我写了22篇日志。但是一想到患者渴望康复、充满求生的眼神，我就又告诫自己要尽快调整过来，以最好的状态投入抗疫战斗中。我告诉自己：我们的背后是伟大的祖国和团结的人民，党中央举全国之力驰援武汉，有千千万万个和我一样的医务人员奋战在一线，众志成城，武汉一定能挺过去，情况一定会慢慢好转。这场疫情阻击战我们一定会赢，也一定能赢！

开始时情况真的非常严重，一床难求，防护物资特别紧缺，就算是这样，也没有让大家退缩，帽子、口罩不行就戴两层，防护服没有封条就用双面胶、透明胶封，用塑料袋代替鞋套。生活物资也不足，我们每天吃的菜就是易于储存的白菜、萝卜、土豆等。短短十几天，我就瘦了近5斤，这一切大家看在眼里急在心里，只要不上夜班，我们几个队友就相互鼓励打气。在我的战友身上我看到了许多可贵的品质：尽职、担当、坚强、勇敢、包容、仁心……

## 决 战 新 冠

2月10号以后，随着各方舱医院的建立和有序地收治患者，病房里的情况已开始好转，大家的心情也随之慢慢放松，队里也有了欢声笑语。通过不懈努力，我们的工作从一开始的束手无策变成了后来的得心应手，并做了不少引人注目的成绩，其中最值得我引以为傲的有两件事情。

建章立制，规范流程。我所在病区是由东西湖医院不同科室护士临时组建的，因为建科匆忙，流程不清晰，各个班次工作职责不明确，工作起来有些手忙脚乱。我就向病区护士长了解她们以前的工作流程及各个班次职责，在领队老师支持下,我们和支援队护理总负责老师一起,制订了各项工作流程,明确了各班次职责,并在得到广泛认可和肯定后,将所定工作制度向其他三个病区进行了推广。后来整个工作期间实行该工作制度的几个病区都没有发生一起不良事件和护理差错。

尽己所能,为患解困。一天清晨,我正在忙碌着,40床柳大叔向我求助,想要一些牙刷、毛巾等用品。我马上打了电话给宿舍休息的同事,请他找宾馆前台要一些生活用品,上班时带过来给柳大叔应急。同时我也询问了其他患者,了解到他们的实际情况。当晚,我就在工作群里向大家发出倡议,希望大家捐款购买生活用品,提供给病区患者,大家积极赞成,踊跃捐款并成立了专项基金。为此,池州市人民医院支援湖北医疗队获得了好评,而我也在这份好评里获得了成就感和自豪感。

每天6到7小时的隔离病房工作,考验着我们的身心。穿好防护装备,走进隔离病房,喘不过气,呼吸困难;越来越热,汗流浃背;又因为戴着眼镜和防护镜,眼前总是一片雾气,平时一个简单的操作,在此时都要付出几倍的努力才行。一个班次下来,全身都湿透了,白大褂都能拧出水来。但看到许多患者经过自己的精心护理,顺利痊愈出院,便感到格外满足。

我们的到来,给患者带来生的希望!我们的陪伴和开导冲淡了他们悲伤的情绪,在这里我看到了人性的真、善、美,医患之间相互关心、尊重、包容、爱护、理解⋯⋯

当第一批住院患者陆续好转,达到转社区医院指征时,我发自内心地为他们高兴,因为这预示着战"疫"取得了阶段性的胜利!

因抗疫工作需要,3月23日我们再次转战肺科医院,再次决战疫情。

## 感 恩 的 心

在整个疫情期间,我们的行动和付出一直感动着武汉人民;同样,我们也一直被武汉人民感动着。钟南山院士说"武汉是一座英雄的城市",在巨大灾难面前,武汉人民所体现出来的责任、担当、包容和感恩让我深深感动。

记得在一个夜班,我们收治了一位大叔。询问后得知大叔已经高烧9天了,每次体温都是39 ℃以上,因为床位紧张,但今天终于住上院了。他非常高兴地说:"到了医院,就有希望了。"

当患者们知道我们是从安徽来支援的医护人员时,一个劲儿地说:

"真的谢谢你们,你们就是我们的救命恩人!"

"感谢你们的挺身而出,感谢你们为武汉拼命!"

……

大雪纷飞,一位淮南小伙子不远千里,给我们送来家乡的牛肉汤;厨师们每天变着花样给我们改善伙食;酒店工作人员尽量延长就餐时间,让我们下班后都能吃上热饭菜;还为我们开了一个小超市,无偿提供生活用品;公交师傅风雨无阻接送我们上下班;东西湖医院想尽办法给我们弄来了热干面;三八节时志愿者们采摘了郁金香送到了我们手上;医院领导带上物资看望我们。武汉人民虽然自己处境困难,但却把最好的生活环境提供给了我们。感谢他们,让我们在武汉的日子里每天都被关心、关爱着。

人人都说我们是英雄,那是因为我们生在英雄的中国!"治病救人"本是医者职责所在,65天的抗疫经历在我人生中画下了一道浓浓的重彩。在今后从医的道路上,我会更加努力,不忘初心,砥砺前行!

疫情已退,一切终会成为历史,历史会记下英雄的中国人民抗疫的丰功伟绩。

云销雨霁,愿山河无恙,人间皆安!

# 第一次面对疫情,就像战士上战场

葛敬梅(复旦大学附属儿科医院安徽医院(安徽省儿童医院)重症医学科)

说到武汉抗疫的情景,经常有人问我怕不怕?我告诉他们在面对疫情的时候,我就是一名战士,冲锋号角一吹,只有往前冲,根本没有想过怕还是不怕!

疫情来得很突然。记得1月26日晚,接到紧急抽调重症护士支援武汉的消息:需要两名重症监护室护士两名前往武汉支援,24点前必须上报人员名单。情况紧急,我立刻叫醒了孩子爸爸:"如果我要去武汉支援,你支持吗?"他愣了一会儿没说话,然后问道:"如果去的话要多长时间才能回来?"我回答道:"不知道。"他说了一句:"如果非去不可就去吧,家里交给我。"

随即我给护士长发了一条信息:"护士长,我报名!"过了一会儿,就收到护士长的回复,让我上报个人信息和电话,那个时候我想人员名单肯定已经确定下来了,这一夜辗转难眠。

第二天一早,我收拾了一些个人用品,随时准备出发。孩子爸送我到医院的时候,一路上我都没说话,我怕一开口就会哭,我努力控制自己的情绪,因为这一走,不知道什么时候才能回家。到医院的时候,另一位同事夏丽已经在准备战资了:防护服、口罩,帽子、手套等,所有能想到的东西基本都带上了。

副院长孙军亲自帮我们用胶布把箱子固定好方便我们拿取,孔维鹏书记专程为我们开了一个送别会。院领导如此重视让我们激动不已,我和夏丽暗暗下定决心勇往直前,不辱使命。科里的同事也来送别我们,本来我还一直控制着自己的情绪,但是看到同事们浸满泪水的眼眶,我鼻头一酸,还是忍不住流下了眼泪。

由于走得比较急,我没告诉爸妈我要去武汉的消息,我怕他们担心,我想等到了武汉,安顿好了,再告诉他们。可能是由于我和夏丽的采访上了安徽电视台的《第一时间》栏目,下午我接到了妈妈的电话,妈妈问我:"是不是去武汉了?"我说:"是的。"妈妈说:"一定要保护好自己。"那一刻虽然话不多,但早已泪湿眼眶,心情久久不能恢复平静。

1月27日晚上21点,由50名重症护士、135名医务人员以及两名带队队长组成的187人的安徽首支医疗队乘高铁抵达武汉。踏入"战场",我们随即迎来了第一番考验,由于接我们的大巴车辆有限,我和夏丽主动选择留下来看守物资,等待下一班车的到来。当日寒风凛冽,由于准备不足,我们冻得瑟瑟发抖,但是大家没有一句怨言。我想,既然选择了,就要像战士一样站好这第一班岗。而且我知道,这点困难相对接下来的挑战真的微不足道。

终于等来了大巴车,在车上得知,我们支援的是武汉市金银潭医院,我和夏丽沉默了。我们当然知道,在前两天的新闻中金银潭的重症患者是最多最重的,那里也是危险程度最高的,但是此刻我内心坚定地想:我现在就是一名战士,无论什么样的困难和危险,我都不可以当逃兵。到达酒店已经是夜里12点,那一夜说实话没怎么睡着。第二天一早,我们就进入金银潭医院,医院的院长张定宇接待了我们,并安排了顶级的院感专家给我们培训,这堂课我们每个人都听得很认真很仔细,因为我们知道,这是保护我们生命的方法,也只有保护好自己,才能救治更多的患者。

培训结束,我被分到了南五病区,夏丽分在南六病区,这两个病区都是因重症患者增多临时建立的重症监护病房。病区的环境非常简陋,各种规章制度也没有那么完善,条件很艰苦。在清洁区穿上防护服,戴着2层手套和2层口罩的我感觉行动和说话都不利索了,护目镜一会就被哈气模糊了,进入隔离病区,映入眼帘的有20多位重症患者,大部分都是老年患者,有机械通气的,有ECMO加CRRT的,也有俯卧位通气的,病房的地下满是各种仪器的线路。作为儿童医院的护士,我从来没有护理过成年人,而且是病情这么重的成年人,顿时觉得压力很大。但是穿上防护服,仿佛化身为战士,告诉自己必须迎难而上,只想尽自己的努力,减轻这些患者的痛苦。

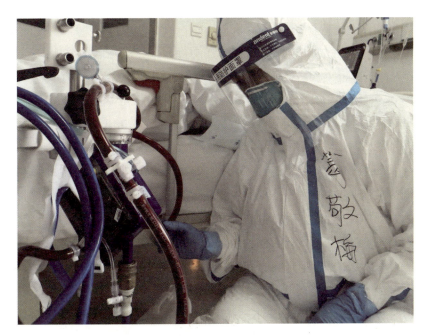

在武汉市金银潭医院看护使用ECOM的患者

第一天看护的患者,有的神志清楚可以交流,其中我印象最深的是21床的叔叔,他70岁,戴着眼镜,很有学问的样子,吸着高流量的氧气,呼吸很费力,但是躺在病床上也不忘看书。我和他打招呼,他很热情地问我是来自哪里的,我说来自安徽合肥。他看到我防护服上的姓名,说:"小葛,我记住了,谢谢你们来帮助我们。"当时觉得挺感动的,我就和他聊天。得知他是一名中学校长,平常身体健康,也很少吃药,现在躺在这离不开氧气,觉得很难过,我告诉他,会慢慢好的,一定要配合治疗,相信医生和我们。

第二天夜里,我仍然是他的管床护士,由于时间原因我的防护服没来得及写姓名,但他看到我,叫我:"小葛!"我很惊讶地问:"叔,我穿成这样了,还认识我呀?"他回答:"你的声音很特别,你一说话我就知道是你,你说到正月十五我能不能出院啊?"我回答他,好好休息,配合医生和我们的治疗,一定是可以早点回家的。但他今天的呼吸好像更费力了。第三天早晨六点,我协助他吃早餐,但他让我先协助他刷牙洗脸,最后还让我把抽屉里的"香香"挤一点给他,我心想这个叔叔病成这样了还这么讲究,真得从心底里佩服,同时也尽量满足他的一些小需求。武汉人民的乐观、善良,激励着我们医护人员,让我们看到了早日战胜疫情的希望。

其中印象深刻的还有一位是38岁的男患者，由于我和他年龄相仿，所以对他的病情非常关注，刚来的第一天，我看到他由于呼吸困难不能平卧，坐在床边，大口喘气，看上去非常痛苦。第二天再看到他时，发现他不光使用插管机械通气，而且使用ECMO技术来维持生命。本来我以为年轻人抵抗力强，即使被感染也不会这么严重的，现在看到和我年龄相仿的人依然逃不过病毒的摧残，心里说不害怕是假的。我们一组工作的小伙伴每次进隔离病房前都会互相鼓励，互相打气，互相帮助检查防护是否合格，再看到这里的患者都很需要我们去护理，更坚定了坚持战斗下去的信心。经过小伙伴们的共同努力，这位38岁的患者成功撤除了ECMO，又过了几天也成功拔除了气管插管，我们打心里为他高兴，同时也为我们的团队感到骄傲。后来在隔离酒店，我们看到央视报道了他治愈的新闻，他也给我们发来信息说他出院了，真是由衷为他开心，也让我们觉得我们的努力和付出没有白费。

小时候观看战争影片，记不清影片中人物的名字，但是共产党员的称号在自己心中烙下了深刻的印象，参加工作后，身边的很多人都是党员，我看他们的眼光也充满崇拜。在武汉，我向临时党组织递交了入党申请书，由于表现突出，被组织批准火线入党，用我们队长的话说，"没有什么比火线入党更加光荣的事情了"。我也会带着这些荣誉，继续不忘初心，为抗击疫情贡献自己的力量。

再次回想起初到武汉的那段时间，收获了太多的辛酸与感动。特殊时期，从打扫卫生到护理患者再到搬运物资，我们化身为全能的护士。我们穿着防护服七八个小时不能吃饭、喝水和上厕所，下班出来后，里面的工作服已经湿透，面部也留下了口罩压的深深的印痕，由于后期武汉温度升高，出汗更多了，每次出来洗手看到自来水，都忍不住想凑上去喝个够！我们的一个小伙伴是男护，身高有一米八，由于防护服对他来说有点小，工作时不敢下蹲和落座，防止防护服裂开会有暴露的危险，工作七八个小时，他就站了七八个小时，我就和他开玩笑说，我头一次觉得我矮小的个子是个优点。

在这一段终生难忘的经历中，最感动的就是收到亲人、朋友、同事、领导以及社会各界的关心，每次都有人说我们是逆行的英雄。我想说，我们并不是英雄，我们也没有那么伟大，我们只是换了个地方工作而已。脱下防护服，我们是母亲，是妻子，是女儿。离家的那段日子，还是非常想家的，每次和家人通话,习惯报喜不报忧的我总是说一切安好。

**珍贵的返程登机牌**

2020年3月31日,我们圆满地完成了任务和使命,回家了,武汉的市民和金银潭的同事们自发赶到我们的住处来送我们,那一刻,我们流下了不舍和感动的泪水。武汉是一座英雄的城市,很荣幸我们为它拼过命,只是我们还来不及看它恢复后的繁华,以后我们还会再来武汉,亲眼看看它的美丽,看看武汉大学的樱花。武汉政府和人民给了我们最高礼遇欢送我们回家,鲜花、贺卡、美食以及歌声相伴,我们踏上了返程的路途。那天下起了小雨,安徽省委书记和省长亲自来接机,省长说,他履行了对我们的承诺,送我们出征,一定亲自接我们回家。看到儿童医院的领导们冒雨在机场等待了我们多时,心里非常感动,一切付出都是值得的,我们没有辜负医院和人民对我们的信任,为"儿医人"争光,也为安徽人争光。

# 拯救一人的是英雄，拯救千人的是医者

钱　程（芜湖市第一人民医院党委办公室）

张硕同志是我院一位呼吸内科医生，他那舍小家、顾大家的抗疫精神深深打动着我。他常说："其实我们并不是什么大英雄，只是在武汉这个英雄的城市，做了一名医务人员该做的事。"语言朴实无华，却彰显了"医者仁心"的情怀。正是在这样平凡的一个岗位上，一个个医者以挺身而出、舍生忘死的实际行动构筑起守护人民群众生命安全和身体健康的严密防线。

2020年年初，一场突然暴发的新型冠状病毒肺炎疫情打破了春节的喜悦，本是阖家欢乐的日子，面对迅速蔓延的疫情，一时间人人自危，惶恐不安。来自芜湖市第一人民医院的张硕同志第一牵挂的却是武汉的患者们，正所谓医者父母心，作为呼吸内科的医生，他时刻关注着疫情动态，心中牵挂是老百姓的健康，他认为这是他该上"战场"的时候了！这是他的职责、他的使命！他放弃和家人团聚，放弃自己的休息，不畏病毒，第一时间向院党委请战，申请支援武汉。

正月初三凌晨，他接到医务科电话被通知自己为市一院第一批驰援武汉医疗队中的一员。接到通知后短短几个小时，他匆忙整理好自己的行李，告别家人，踏上去往武汉的战场，如壮士一般出征了。临走前，他说："记得2003年'非典'疫情暴发时，我刚刚迈入医学院的大门，对于身居一线的前辈们无比崇敬，没有赶上和他们并肩战争，现如今疫情再次来临，就应该我来上！"

芜湖市第一批驰援武汉医疗队队员、呼吸内科医生张硕

来到武汉,张硕同志知道自己身负重任,经过紧张的培训后立即就投入抗击疫情的战斗中。第一站就是武汉的太康医院,这是一家民营医院,疫情暴发后刚刚被设为定点治疗医院,这里的防护基础设施还不是很完善,他协助那里的院感老师一起一个楼层一个楼层地看,经过一整天的设计、改造,逐步形成了合理的三区分离。

当他正式进驻病区的时候,整整两个隔离病区已经住满了患者,有一百多位患者,其中很多是危重患者。他穿着密不透风的防护服认真做好每一位患者的诊疗,了解每一位患者的病情,不敢放过一丝一毫细节,顾不上自己已被防护服闷出的一身汗,也顾不上因不停歇工作而喝不上水的口渴。他待每个患者,如亲人一样。一个老爷爷在他的悉心诊疗照顾下病情得到好转,老爷子感激地紧紧拉住他的手,不停地说:"谢谢你们,看到你们来了,我们就有希望了!"是啊!就是这样一个个像张硕同志一样的白衣战士点燃了患者心中的希望。接着,协和东西湖医院扩大收治,成立新病区的时候,他又积极投入组建新病区的工作中。科室成立的当天下午,不到3个小时就住满了患者。他主动加班到半夜,白班的他一直工作到夜里10点多才下班,由于没有车辆,每次步行回到住宿的酒店,洗漱完毕已是深夜了。但他没有一句抱怨，他心中想的是竭尽所能为患者多做一件事，再做一件事！在新病区，重症患者很多，患者病情变化快，有一个患者刚来的时候各项生命体征都还算平稳，询问病情的时候还能对答如流，当他刚刚准备离开病房要休息的时候，患者的血氧饱和度突然大幅度下降，他立刻给患者换上了高流量吸氧，并及时使用了抢救药品，患者的病情才慢慢恢复了平稳。他及时挽救了这患者生命，令他感到欣慰，但同时他又见证了此次病毒的可怕之处，这让他在心中默默地更加坚定了一定要战胜病毒、挽救患者的决心。慢慢地，大部分的患者经过他和同事们齐心协力的救治，都康复出院了，其中还有不少重症的高龄患者。

有一位这样特殊的患者，3个月前因为外伤造成高位截瘫，一直长期卧床，此次又不幸感染新冠肺炎。刚住院时，患者意志非常消极，常常提及自己有轻生的念头。为了让患者得到更好的救治，树立战胜疾病的信心，面对物资的缺乏，他拿出了从家里带来的新内衣给患者亲自换上。患者高位截瘫长期卧床，下肢肌肉萎缩，他一一向康复科的专家请教，指导患者并和一起工作的同事为患者进行康复训练。这一系列的事情，让患者心中充满了希望。患者对他连连道谢："你们这么努力为我们救治，我们没有资格有轻生的想法！"这样的一句话给予了他莫大的信心与鼓励。

病房里还有一对老夫妻患者，老爷爷因为合并有基础疾病，病情比较重，老奶奶一直在老爷爷身边陪伴着。经过张硕与同事们积极的治疗，老爷爷病情虽然有好转，但仍然有呼吸困难症状。为了让老爷爷得到更好的治疗，经他们多方联系最终获得转到雷神山医院的机会。但是老奶奶怎么都不同意，怕以后再也看不到老伴。为了让老奶奶放心，张硕对她耐心地劝说了一个下午，最终老奶奶被他的坚持和敬业所说服，同意让老伴转院。后来，当张硕看到老奶奶又因为担心老爷爷彻夜难眠，他又多方打听，得知老爷爷病情稳定的消息，立即告诉老奶奶，老奶奶担忧的心终于放下来了。

抗击疫情，不仅仅是治疗身体上的疾病，更多的是治疗人们心灵上的创伤。对于未知的病毒，人们充满了恐惧，张硕同志不仅做好每一位患者的诊疗，还关心着每一位患者的心理健康。

那时的武汉是最黑暗的时刻，他们就像是划破这黑暗的利刃，为武汉带来了胜利的曙光。从太康医院到东西湖医院呼吸9病区，再到感染科，最后又去了武汉肺科医院,他同战友们在武汉整整战斗了65天,是安徽省内出征最早,返回最晚,承担任务最重的医疗队伍。

研究制订针对性的救治方案,投入抗击疫情救治患者的战斗中

2月15日晚,正在工作的张硕接到家中的电话,得到高龄的爷爷住院的消息,同时他的家人也都很担心他。他安慰他的家人说:"你们不要担心我,我会照顾好自己。等我抗疫回来之后,我会好好陪爷爷的,你们要相信儿子的选择,这是我的职业,更是我的使命!你们一定要相信,在以习近平同志为核心的党中央坚强领导下和大家的共同努力下,一定能够战胜这场疫情!"他坚信他所选择的路是正确的,所从事的职业是光荣的,他一直默默地坚持着履行他作为医务者的职责。

在这场来势汹汹的疫情的防控和救治中,张硕同志只是其中一名普通医者,但正是这些一个个临危不惧、义无反顾、勇往直前、舍小家顾大家的医者,给千千万万的患者带来生的希望,给战胜疫情增加了强大力量!

拯救一人的是英雄,拯救千人的是医者!

# 夫妻携手奔赴抗疫一线

汪 漪（安徽商报社）

最幸福的工作，就是能利用所学专长，去帮助别人；最幸福的爱情，就是有着一位志同道合、能并肩上阵的爱人。记者在采访董永鹏时，能感受到这位不善言辞小伙子，抗疫凯旋后满满的感恩。即使是"伸援手"者，他仍然感恩，他说这场经历，能有机会发挥所长帮助别人，收获了很多。这也是安徽医疗队所有队员们的初心。而董永鹏认为自己更幸福，因为有爱人并肩作战。

3月18日上午，安徽第四批支援湖北医疗队队员、安徽医科大学第一附属医院（以下简称"安医大一附院"）高新院区急诊科护士董永鹏和战友们一起，乘坐包机回到了合肥，同行的还有他的爱人、也是他的同事——刘霞玲。而在2月13日，他们俩也是并肩逆行，驰援武汉，那时，很多同事还不知道他们是新婚夫妻。"我们很默契地报名，没和对方说，但知道对方肯定支持，开始也很默契地装作普通同事。"董永鹏说，"装陌生"是因为不想麻烦别人，不想让其他人有心理负担，"我们去武汉，都是为了工作，使命所在。"

## 凌晨一点俩人先后收到"入列"通知

"我是一名医务工作者，也是一名中国人，祖国需要我们的时候，我们就应该奉献自己的力量。"年轻的董永鹏是安医大一附院高新院区急诊科护士，爱人刘霞玲是同院胸外科的护士。春节前，两人刚在老家办完婚礼，就遇上了疫情暴发。

"我跟霞玲是刚成家，如果疫情这样发展下去，我们的小家也会陷入危险之中，没有大家哪来小家呢？"董永鹏告诉记者，正因为有这样的想法，所以,报名前两人都没有商量,但是都知道对方肯定会支持,于是不约而同地申请驰援武汉。

董永鹏和刘霞玲携手共赴武汉抗疫一线

2月13日凌晨一点,正在上夜班的刘霞玲激动地告诉董永鹏,她要被调去支援武汉了。20分钟后,董永鹏也收到了入选支援武汉医疗队的消息。等刘霞玲下班回来,董永鹏已经把两个人的行李收拾好了。

临行前,夫妻俩边准备边复习一些感染护理方面的专业知识,同时,约定彼此都要照顾好自己。当日下午,两口子从合肥出发,奔赴湖北。

"报名时也没告诉父母,到了武汉以后,他们才知道。"董永鹏告诉记者,双方父母虽然很担心,但是都很理解,因为作为医护人员,有自己的责任。

## 身边的"老师"原来是爱人

到武汉时,已经封城,街道上空荡荡的,看着特别难受,董永鹏暗暗说,"希望通过我们的努力,能让它早日恢复生机"。

作为安徽支援湖北第四批医疗队,安医大一附院的137位队员整建制接管武汉协和肿瘤中心Z11重症病区。该病区是由肿瘤中心临时改造的重症隔离病区,最多可以设置64张床位,在接管的第二天,64个床位就全部住满了。

重症病区的很多工作都具有高风险性。每时每刻,像危重患者气管插管、采集咽拭子这些可能对医护人员造成极大风险的操作都在救火般地进行着,医护人员每天穿着闷热的防护服,在病区里奔忙,无论是身体上还是心理上,都承受着巨大的压力。

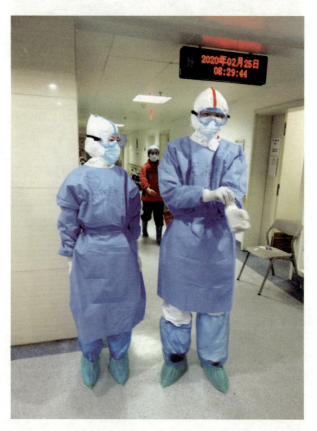

**刘霞玲和董永鹏通过衣服上的姓名认出了同在工作的彼此**

大难面前,曾经是最亲密的两人,如今奋战在艰苦一线,个人情感已深埋心底。董永鹏和妻子住在同一个宾馆同一楼层,因为管控需要,不能有身体接触,说话时都得戴着口罩,保持一米的距离。"我当然很心疼她,每一个人都很累,但是必须咬牙坚持下去,这是我们该做的事。"董永鹏安慰爱人:"特殊时期,没办法多照顾你,回合肥后,你要什么我给你什么。"

下班很少能单独待一起,上班则面对面也可能不认识,即使在同一个病区,厚厚的防护服下,大家只能通过衣服上的姓名才能知道面罩后面是谁。有一天,董永鹏正在录入患者信息,这项工作太重要,不能一点马虎,通常在录入时都会找人帮忙核一下,他看到隔壁桌有一个同行,就喊:"老师,能帮我核一下吗?"那位"老师"走近前来,董永鹏一看,哈,原来正是自己的爱人刘霞玲。

## 武汉志愿者上网为医疗队员学熬汤

在武汉期间,爱人的表现,让董永鹏感到骄傲,对她的尊重也油然而生,"她平时有点娇气的,但是到了一线,挺能扛的。"在巨大的压力下,刘霞玲偶尔也会焦虑,"不过,她很快就能自己调节好,特别能坚持能吃苦,可以说是我的偶像了。"

"在武汉的每一天,我们都被感动着。"董永鹏说,都知道"武汉是座英雄的城市"这句话,但身临其境,感受更深。"武汉人没有逃避,他们站出来承担了自己的责任。"董永鹏说,很多武汉年轻人作为志愿者也冲在前面,每晚都有志愿者提前在医院门口等着接送下班的医疗队员回酒店,怕队员们太累,志愿者们每天都熬好了银耳汤等宵夜,送到驻地宾馆。

病房里有一位76岁的奶奶,每次都喊董永鹏为"董永",出院那天,奶奶一直拉着董永鹏的手,董永鹏就逗老人家:"可记得我全名啊?"奶奶认真地说:"董永鹏——怎么会不记得呢?"然后又说了一句:"我不会忘了你的名字的,除非我不在了。"

"这一段经历,一辈子可能也不会有第二次了。"董永鹏说,和志同道合的爱人一起,来到最需要他们的地方,尽自己所学,尽最大努力,去帮到别人,这让他们的人生有了不一样的意义。

刘霞玲和董永鹏的婚纱照

# 一份来自最前线的预备党员考察报告

秦婉茹(蚌埠医学院第一附属医院第三党总支)

史菲菲作为一名预备党员,在疫情面前主动投身抗击新冠肺炎的战"疫",在抗击疫情的最前线用实际行动接受组织考察。

在抗击疫情的特殊时期,医院的许多医护人员积极报名请战,主动投身抗击新冠肺炎的战"疫",为夺取斗争胜利贡献自己的力量。史菲菲同志是蚌埠医学院第一附属医院的一名护士,也是院第三党总支第七党支部一名中共预备党员,疫情面前,她主动请战,要求到抗击疫情最前线接受组织考察。

"请派我去,这就是党组织对我的特殊考察!"

凌晨1点接到护士长电话,告知医院需派3名护士支援武汉。看到史菲菲之前的请战书,护士长询问她愿不愿意去?身体能否吃得消?"我能行!"史菲菲战意已决。在这之前,看到护理部每次在工作群里选派重症医学专科护士参战,史菲菲深深地为不是一名重症护士而感到失落。这次终于轮到上战场的机会了!史菲菲是科室护理团队中经历过"非典"的老同志,也比科室同事心中少了些许恐惧,更多了一份战胜病魔的信心。作为一名预备党员,史菲菲现在正值培养考察期,她要以实际行动接受党组织的考察,"武汉我应该去,也必须去!"

**"请组织放心,我一定会做出共产党员的样子!"**

2月2号,史菲菲早早地就把孩子送到了奶奶家。到出发之前,才匆忙赶过去见孩子一面,老公知道她一直都想去抗疫一线,默默地为她收拾行李。父母除了叮嘱注意安全,其他的不舍与牵挂都在眼神里。史菲菲安慰他们,爷爷参加过抗日战争,爸爸在边疆部队锻炼多年,老公去年援藏才返回,在这样一个充满战斗力的家庭,自己当然也不能落后呀!简短的送行仪式让史菲菲感到特别的温暖。史菲菲表示:"请组织放心,请家人放心,我一定会不辱使命,做出一个共产党员的样子!"

安徽第二批支援武汉医疗队员、内分泌科护士史菲菲(左二)

## "请不要害怕,我们是安徽医疗队!"

通过简单的修整、岗前培训,终于收到可以进入方舱医院的命令。在临时搭建的移动帐篷内更换防护服后,史菲菲迅速进入舱内,熟悉自己所分管的区域,进行抢救设施的检查及各种药品、仪器、物品摆放的整理。一切准备停当后,患者开始进仓。史菲菲所在的A舱C区全部收治女患者,为了让她们不要那么焦虑、恐惧,在安排每一个患者的时候,史菲菲都很用力地握一下她们的手,她们的手很凉,不知是寒冷还是恐惧,史菲菲只想多握一会儿,让她们温暖些,也给她们些支持的力量:"请不要害怕,我们是安徽医疗队,这里都有各个医院最好的医生和护士,我们会给予你们最专业的照顾。"

### "请等我回来,见证一个战士的成长"

在方舱医院,史菲菲配合护士长做病区的管理工作,处理医嘱、严密观察有可能病情变化的重点患者、协调相关事务。每天除了为大量的患者进行常规的医疗照护以外,还得从吃喝拉撒、衣食住行等各方面为患者解决问题。天天穿着这身装备确实不轻松,感觉到憋闷又不敢呼吸幅度太大,需要慢慢地喘气调整呼吸。有的阿姨特地跑到她们跟前说:"谢谢啦,歇一会吧,你们太辛苦了。"这段时间,虽然很累,很疲倦,但是史菲菲从未有丝毫懈怠,更不会退缩。这一次千里逆行,对史菲菲来说是难得的锻炼机会,疫情就像一面布满尘土的反光镜,映照出她内心深处的勇敢和从未有过的坚强。"这段支援武汉的日子,一定会成为我个人成长中最快速、最精彩的篇章。"

史菲菲工作在武汉市方舱医院

战"疫"还没结束，史菲菲同志仍坚守在在她的岗位上，用自己的实际行动为党支部上交了一份沉甸甸的考察报告。抗击疫情是没有硝烟的战场，也是检验党员初心使命的考场。在一线锤炼党员党性，既能助力党员快速成长，也进一步激发他们的表率作用，激励总支广大党员和医护员工奋勇当先、迎难而上，在抗击疫情主阵地贡献硬核力量。

# "超治愈"方舱广场舞"火爆"网络

朱普庆（弋矶山医院党委工作部）

"青年兴则国家兴，青年强则国家强。青年一代有理想、有本领、有担当，国家就有前途，民族就有希望。"颜浩，正是以这样一种情怀，直面疫情，向"疫"而行，临"疫"不惧，用恪尽职守、志笃意坚的行动践行着使命，展现出当代青年"愿以吾辈之青春，护卫盛世之中华"的责任和担当。

2月10日晚9点20分，刚刚下班的颜浩坐上了回援武汉医疗队驻地的班车，他拿出手机给后方医院同仁与医疗队的"工作交流群"发了一条小视频。"一二三四五六七八……"通过视频，一群戴着口罩的特殊人群，在一个特殊的环境里，随着音乐、有节奏地跳着广场舞。

颜浩抵达武汉在方舱医院正式上岗后，结合自身的临床护理经验，主动思考和关爱所护理的患者，力求为患者提供最好的护理方式。虽然他所在的方舱医院部分患者症状较轻，但是仍然存在一定的紧张和焦虑情绪。颜浩上岗后第一天，就反复仔细研究，写下了一段量身定制的标准宣教内容，详细与患者沟通，安抚患者消除不安情绪、积极配合治疗。下午做完基本治疗后，他还鼓励轻症患者，在方舱病房内跳起了广场舞，开始只是一两位患者加入了队伍，随着音乐声和节奏声，越来越多的患者在自己的病床边起身，也加入了跳舞的队伍，"很棒！棒极了！"颜浩在一边不停竖着大拇指鼓励着。

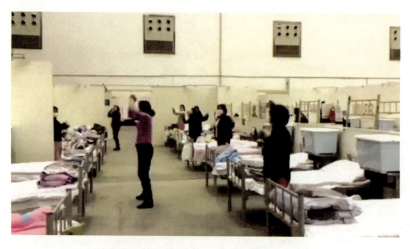

颜浩"导演"的武汉方舱医院广场舞

在音乐声中,许多轻症患者挥动着多日未曾舒展的肢体,驱散着心中的阴霾。"信心就像阳光一样重要",通过有效的心理护理,树立他们战胜病魔的信心,我们期待与他们早日一起战胜这场没有硝烟的战争,"今天所有的坚守,都为了奔向以后的团圆",无论是医者、还是患者,共待春暖花开,山河无恙,团圆有时。

医院党委工作部主任王欢一直在密切关注着前方队员的消息,10日晚她迅速看完这条小视频后,立即感受到这是一条特别暖心的小视频。"这是我院队员在前线开展的一项极具亮点的心理护理工作,在目前全国上下众志成城、共克时艰、抗击疫情的形势下,犹如一缕春风,给大家带来了希望和信心。"于是王欢决定立即组稿推荐给新闻媒体。

2月11日一早,《一线故事 | 芜湖小伙鼓励方舱医院患者跳起了广场舞》《方舱内跳起了广场舞》就分别在《今日芜湖》《健康报》推送,紧接着安徽卫视、安徽经视、安徽公共频道、《大江晚报》各种视频抖音版在网络推送,迅速火爆网络并受到央媒关注。中午12点,中央电视台《央视新闻》连线队员颜浩,在《特别战"疫"》栏目对颜浩进行了长达15分钟的直播采访。

随着众多网友的关注,这段被网友们视为"超治愈"的广场舞小视频迅速被新华社、人民日报官微、央视网、新浪网、腾讯网、光明网、澎湃网、凤凰网等国内各大主流媒体及多个省市媒体刊载,网络点击量突破千万,"方舱舞""超治愈"被广大网友纷纷点赞,仅央视网点赞量就超过五百万。"皖南医学院弋矶山医院颜浩"更是受到全国网友的点赞。

颜浩与中央电视台《央视新闻》连线

颜浩没想到自己所拍摄的一段广场舞视频会瞬间在全网刷屏,"方舱广场舞"一下成为现象级的全民话题。这段广场舞彻底"火了",人们被疫情下的这份可贵的积极和乐观所打动。

3月5日,国家卫生健康委、人力资源社会保障部、国家中医药管理局决定,授予113个集体"全国卫生健康系统新冠肺炎疫情防控工作先进集体"称号,授予472位同志"全国卫生健康系统新冠肺炎疫情防控工作先进个人"称号,安徽有9人被授予了先进个人的称号,其中,皖南医学院弋矶山医院的90后护师颜浩,是芜湖市唯一一位入选的个人。

在颜浩的回忆中:"我刚进方舱医院时,是最紧张的时候。大家都各自沉默地躺在床位上,发着呆,又或者玩手机……"颜浩记得很清楚,明明一个区域有很多人,但却毫无生气,气氛非常压抑。所以在方舱医院,广大医务工作者们在照顾患者时都深知,患者们的心理护理很急迫。而鼓励大家跳广场舞、从事一些适量的体育锻炼,是心理疏导的一个缩影。

在此之外,颜浩透露道,在这一个多月的时间里,他们一直在采取各种方式,帮助患者舒缓心理压力,树立战胜病魔的信心。"刚到武汉客厅方舱医院的时候,我就感觉到,这里和我平时工作的ICU的环境其实有点类似——没有家属陪同,患者普遍比较紧张。"颜浩说,7年的护理工作经验下来,让他格外侧重心理护理工作。这个年轻的小伙子始终坚信,"身体上的疾病也许不能立刻治好，但是只要建立好积极的心态，树立起信心，能帮助患者慢慢去康复"。

自广场舞之后，力所能及地活动活动、放松放松心情，成为了舱内的一种"常态"。为了不打扰其他病患，方舱医院每天都集中在上午10点到11点、下午4点到5点，按照不同的活动项目，分区域给这些轻症患者们进行身体锻炼。"除广场舞之外，我们后来还组织了大合唱，还有诗歌朗诵……"

**颜浩和队员一起为患者制作信心树，树立战胜疫情信心**

其中，颜浩说，最让人印象深刻的是，医护人员们在一面墙上"种"了一棵可以许愿的"信心树"——患者们可以将写上心声的便签，贴在这棵"信心树"上。"通过这种方式，给大家一个地方、一种方式，把自己的思念、压力等情绪都表达出来。"颜浩发现，大部分许愿卡上都是最真诚的期待和盼望，都是正能量，患者们看到彼此的心声，无形中起到了互相打气、增强信心的作用。"越来越多的患者心态越来越积极乐观，很多患者情绪好多了，话也多了起来，也愿意参加一些活动了。"甚至还有一部分患者，成立了志愿者队伍，主动地帮助医务人员发放物资，又或者帮扶年迈不方便的患者；有的患者出院时，会有其他患者主动组织送别。不过，颜浩说，最明显的是，患者们脸上的笑容终于多了起来，"我还是相信，信心就和阳光一样。我们一定要有战胜疾病的信心。"

当谈及他获得"全国卫生健康系统新冠肺炎疫情防控工作先进个人"光荣称号时,这个90后的小伙子则坦言感觉"很惭愧"。"在武汉一线,此次抗击疫情当中,比我辛苦、优秀的医务工作者太多太多,义无反顾冲在前面的队员太多太多……我只不过是被注意到的其中的一员而已。"保持坚定的信心,一定会共克时艰。

# 驻沪防控疫情，保卫国家大门

骆本生（芜湖市第二人民医院急诊内科）

望疫情早日结束，愿天下太平，人民幸福安康！

转眼来上海十多天时间，清楚地记得3月22日11时半，当时正在值班，突然接到医院疫情防控指挥部电话，通知芜湖市卫生健康委有一紧急任务，主要是参与经上海入境人员输入性新冠肺炎的排查工作，要求2小时内到市卫生健康委报到。没有时间犹豫，妥善安排好科室工作、电话告知家人后，立即赶往市卫生健康委。当天下午即赶往安徽省疫情防控指挥部上海工作组报到。

工作组由安徽省政府、省公安厅、省交通厅、省卫健委、省外事办等共同组成。同行的有一名市公安局民警以及驾驶大巴的两名司机，在车上了解到原来我们执行的任务是转运从上海口岸入境的来皖人员。听到这里我心里直打鼓，原以为是到入境人员隔离点工作，没想到要随车保护入境来皖人员从上海到合肥的安全，以便及早发现疫情，及时处理。

我担心的原因是我乘车经常晕车，尤其没有休息好的时候，想想全副武装地穿着防护服如果晕车是多么尴尬的事情。但是暗下决心无论如何一定要坚持住，因为自从武汉疫情暴发后，每当从电视上、手机上看到同行们奋不顾身地赶赴湖北、支援武汉时，内心就莫名感动。身为医务工作者的我不能为疫情做点什么觉得很过意不去，内心也感到愧疚。所以我在想无论遇到什么困难一定要完成使命。

芜湖市第二人民医院急诊内科医生骆本生

在驻沪期间,不敢多喝水、多吃零食,怕吃坏肚子,因为随时都有可能安排任务,要根据入境赴皖的旅客数量及紧急情况来调整。从驻沪驻地出发,到上海浦东国际机场T1航站楼完成赴皖人员交接手续,再到T2航站楼、虹桥国际机场航站楼完成相关人员交接手续,到安徽广德高速服务区完成入境赴皖目的地为皖南地市人员的交接手续,最后到合肥金寨路高速路口服务区完成剩下赴皖人员的交接手续,下完乘客后还需要对大客车进行卫生打扫及消杀工作,穿防护服工作至少要十二三个小时,消杀后就地返回上海驻地。这样往返一次需乘车二十多小时,才能回驻地彻底消杀后休息。

因为夜间入境航班较多,所以通常都在夜间接到出任务的通知。入境人员通常以学生居多,他们至少带两个拖箱,所以在机场常常帮他们搬运行李时,防护服里面就已经湿透,全身闷热,为了完成任务只有坚持着。在路途中因开窗通风,又经常在夜间出车,况且防护服里面已经汗湿,所以夜里经常感觉特别冷。尽管如此,仍然以饱满的热情服务于入境回皖人员,让入境赴皖人员有回家温暖的感觉。

骆本生在上海浦东机场监测入境人员体温

印象最深的一次是3月28日凌晨,当时气温3到5℃,出车前防护服里面穿着羊毛衫、秋衣秋裤,但是离开上海后在车上还是冻得直哆嗦,在车上根本不敢往后靠,一旦靠到椅背上会觉得后背透凉。因为穿了防护服,车上没有清洁区,无法添加衣物,所以告诫自己一定要坚持住:不能因为感冒而倒下,不能因为感冒而不能完成任务,更不能为驻沪工作组添加额外的负担。就这样坚持到广德服务区完成部分相关人员交接手续后,添加了羽绒背心及外套,但是因为当晚大雨广德服务区积水,防护鞋套里满满的水,无法更换鞋和袜,只有继续穿着湿透的鞋袜。这是我记忆中第一次在3到4℃的午夜伴着雨夹雪的天气穿着湿透的鞋袜面临接下来十多个小时的工作。

在每次往返二十多个小时的工作中,饿肚子、口渴、鼻尖磨破、耳根部疼痛、途中颠簸、憋尿等都是常有的事,也是我记忆中第一次穿上尿不湿。另外因为车上空间有限,没有办法做到清洁区与污染区分开。还有与入境人员长时间同乘一辆车,同呼吸车内的空气,所以被传染的概率也大大提高,工作中要严格按新冠肺炎的防控要求去操作。在执行任务的过程中,从不喝水、也不进食,直到合肥目的地后再补给(间隔十几个小时)。尽管有入境赴皖输入性病例,但驻沪工作组做到了零感染。严格防控的工作态度也得到驻沪办院感督导专家的表扬。

在驻沪期间,还承担过紧急救治任务。3月23日晚,浦东国际机场有一名从赞比亚入境赴皖的孕妇,孕期约7个月,身边还带有2名儿童,入境后感觉胸闷、头晕、心慌、全身乏力等不适,驻沪办丁萍组长通知我紧急随120救护车赶赴现场,并于当晚接到驻地宾馆进一步观察,驻沪办的省厅领导也亲自过来看望,并嘱咐我务必保证她的安全,如有不适随时去处理,按领导要求留下我的电话及房间号,孕妇非常感激,全身不适也逐渐缓解。

另外我还参加驻沪办选派的由5名高年资医师组成的医疗保健组,负责驻地200多工作人员的医疗健康。驻沪办也成立了临时党支部,也积极参加支部组织生活,探讨工作中存在的问题,进行进一步优化与改进;讨论吸收、接纳优秀同志火线入党的申请……

经过驻沪办全体人员近半个月的日夜奋战,派车87批次、接转旅客1899人,顺利实现旅客转运安全、人员防护安全两个"确保"目标,圆满地完成本次省疫情防控指挥部交给我们外防输入的防控任务。我们的表现也得到省疫情防控指挥部上海工作组及省政府上海办事处的肯定:在入赴皖人员接转运送工作中,白衣执甲、逆行而上,服从命令、听从指挥,认真负责、细致周到,提供了专业优质高效的医疗保障服务,昼夜奋战在抗击疫情第一线,展现出强烈的责任担当、一流的工作水准和无私无畏的崇高情怀,为长三角疫情联防联控作出了积极贡献。上海工作组卫健小组也集体荣获安徽省卫生健康系统抗击新冠肺炎疫情第三批全省通报表扬。

通过参与"外防输入"新冠肺炎的防控工作,我深切感受到祖国母亲的伟大,深切体会到中华民族的团结友爱、一方有难、八方支援的民族精神,彰显了中华民族同舟共济、守望相助的家国情怀;感受到了中国力量与中国速度,以及在中国共产党领导下中国人民众志成城、坚韧不拔、顽强奋战的中国精神。这些让我更加坚定共产主义信念,更加紧密地团结在以习近平同志为核心的党中央周围,努力工作,践行一名共产党员的使命。

# 不同的战场,一样的使命

方 萍(中国科学技术大学附属第一医院(安徽省立医院)
党委宣传与统战部)

  遗体病理解剖是全面揭开新冠肺炎"真面目"的最直接手段,没有对病因和病理改变的深入认识,临床救治工作面临巨大挑战。两位安徽80后病理人临危受命,赴武汉加入卞修武院士带领的新冠肺炎遗体解剖病理学研究团队。他们下"红区"、运尸体,处理标本、寻找证据,虽不直接照护患者,但同样与病毒交锋,与时间赛跑。人民至上,生命至上,他们病中寻"理",不辱使命。

  4月23日上午,由中国红十字会委派的中国科学技术大学附属第一医院(安徽省立医院)病理诊断中心副主任医师吴海波和主管技师李恒结束在巢湖半汤14天的隔离休整返回医院。至此,医院驰援湖北抗疫工作任务圆满结束,派出的4批163名队员"零感染",全部平安返回。

  病理被称为"临床诊断的金标准",病理医生也被认为是"医生的医生"。2月28日午间,吴海波和李恒抵达武汉,"安徽病理人"的身影首次出现在武汉战"疫"中。

  在武汉的42天里,吴海波和李恒在我国著名病理学家、中国科学院院士、中国科学技术大学临床医学院院长卞修武的带领下,与多家医院的同行专家一起奋战在武汉火神山医院临时组建的病理科"红区"以及中部战区总医院,参与完成了目前已知的全球数量最多的新冠肺炎尸检病理工作,为总结新冠肺炎病理特征作出了积极贡献。

  "能到战'疫'最前线去工作,为早日打赢疫情防控阻击战贡献力量,是病理人的职责所在。"吴海波说。

**吴海波在武汉开展相关病理工作**

"脏、累、险、严、慎、隐"等是传染病遗体解剖工作的特点,"我们进入火神山病理科工作必须穿着三级防护装备进入,严格防控病毒的污染和传播"。根据安排,吴海波主要负责新冠肺炎去世患者遗体的搬运、病理取材、病理诊断和相关数据分析,李恒负责新冠肺炎去世患者的病理取材、标本的前处理以及各种病理技术工作。

42天里,两人辗转工作在火神山医院、中部战区总医院以及武汉的各大医院。特别是在火神山医院,穿上多层防护装备,每天工作4到6小时。

"闷热,没有空调,汗水会浸湿衣服,然后全部粘在身上"。"憋得慌,呼吸不畅,头晕,不敢喝水,怕上厕所。"……和隔离病房救治新冠患者的医护人员一样,吴海波和李恒也需要面对穿脱防护服、适应防护服的种种生理挑战。

由于遗体捐献的特殊性,队员们经常凌晨两三点接到通知去各定点医院接收捐献的患者遗体。患者夜里去世,就需要夜间及时去搬运。"医院的地形不熟悉,第一次去摸索好久才找到地方。"吴海波说,由于人手少,任务重,时间紧迫,团队成员基本都是24小时随时待命。由于工作强度大、压力大,有时虽然很累,但却难以入睡,他和李恒常常是和衣而睡,"和打仗没两样"。

**参与完成火神山医院病理科筹建**

由于标本量大、仪器设备少,技术人员只有人等机器,夜间加班处理标本是常态,那段时间经李恒处理的标本相当于一家县级三甲医院一年4到5个人的工作量。在武汉"红区"奋战的42天里,两人共参与完成万余份病理切片和相关病理分析工作。

除了尸检工作,病理诊断和分析、科研工作齐头并进。在武汉期间,吴海波和李恒还参与新冠肺炎病理学研究工作和火神山医院的病理讨论会,与临床专家共同探讨新冠肺炎的发病机制和防治。其中,吴海波申请了1项新冠相关课题,开展了2项新冠肺炎相关病理实验。隔离休整期间,他还在紧张地撰写和修改3篇SCI论文,"尸检任务初步告一段落,但相关资料的整理分析、相关的科学研究还远远没有结束,我们对新冠病毒的认识还需要不断深入,丝毫不能懈怠。"

尽管不直接面对并救治患者,但吴海波和李恒都觉得再辛苦也是值得的,因为病理人虽然在不同的战场,但肩负的是一样的使命。

解除隔离回到医院后,李恒激动地抱起女儿

# 抗疫"侦察兵",两地"战疫情"

何 甜（亳州市人民医院办公室）

国有征召，勇士出征。疫情面前，影像人徐昆峰、高建磊始终奋战在第一线，在亳州连续工作多天后，又主动请缨于2月21日随同安徽省首批医学影像队伍奔赴武汉，充分发挥疫情"侦察兵"的作用，为两地战"疫"贡献才智。在他们身上，闪现着共产党人的初心和医者的仁心。

4月2日上午，在欢迎亳州市支援武汉抗疫医疗队员凯旋仪式上，亳州市人民医院影像中心主任邱晓晖再次紧紧抱住徐昆峰、高建磊，这离两人出征援汉抗疫已有41天的时间。

我院放射主管技师徐昆峰、放射技师高建磊所在的安徽第八批支援湖北医疗队，是由30名医学影像技师组成的，同时也是我省首批医学影像队伍，他们支援的江汉开发区方舱医院累计收治患者281人，治愈出院207人，二人被评为"亳州市新冠肺炎疫情防控工作先进个人"，被授予"亳州青年五四奖章"。

## 徐昆峰："我年轻，我先上。"

徐昆峰是市人民医院影像科主管技师，也是一名共产党员和退役军人。疫情面前，时间就是生命，徐昆峰主动要求参战，充分体现了共产党员和退役军人的光辉形象，"哪里需要，哪里困难，哪里就有我。"

2月10日，徐昆峰简单收拾下行李，就奔赴市新冠肺炎定点医院参加战"疫"。两天后，他接到通知，市人民医院南院发热门诊要重开，需要分兵支援。于是，二话没说，他就去了新的阵地，和同事挑起了发热门诊的担子，近距离接触排查潜在患者，当上了"侦察兵"。

随着出院患者越来越多，亳州的疫情形势不断好转，振奋的消息使大家紧张的情绪稍稍松了一口气。2月21日下午5点多，刚刚下班从发热门诊回到隔离驻地时，徐昆峰收到安徽卫健委需紧急抽调两名影像技师支援武汉的通知后，他毫不犹豫地报名参加。

徐昆峰和同事高建磊抵达武汉，被分到武汉市江汉开发区方舱医院，开始了新的战斗。

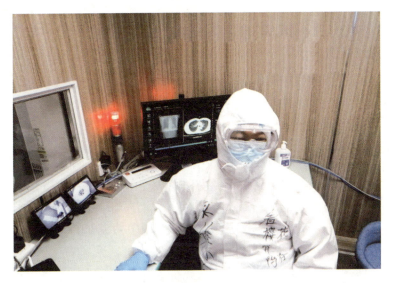

在武汉方舱医院车载CT车上工作的徐昆峰

徐昆峰的工作地点是一台装有CT的汽车车厢，空间狭窄且密闭，穿着防护服进去没几分钟就会汗流浃背，尤其戴着口罩护住脸、鼻子，感觉呼吸不过来，更别提长时间工作了，用艰苦来说毫不为过。

每次下班，徐昆峰都是全身湿透，像水洗过一样，体内缺水严重，随时都可能脱水休克。即使在这样的工作条件下，徐昆峰和同事们都顽强地坚持了下来，保质保量完成每天的任务，为舱内患者提供及时有效的医学数据。

据了解，像徐昆峰这样的影像科医生，每天都要冒着直接接触患者的感染风险，帮助患者摆正体位，保持亲切有效沟通。在工作量最大的时候，队员们每天要为300多名患者进行胸部CT检查。医疗队在湖北工作期间，累计扫描2000余人次,出具诊断报告1000余份,对抗击疫情和医疗救治作出了应有的贡献。

武汉的工作虽然辛苦,但徐昆峰常常被感动。每次为患者检查后,他们都会对徐昆峰说一声"加油"。他觉得,"加油"不光是对他们说的,也是对武汉人民自己说的。看到武汉人民的必胜信心和乐观态度,徐昆峰相信武汉必将战胜疫情,慢慢恢复过来。

在全体医护人员和武汉人民的共同努力下,武汉的抗疫形势逐步好转。3月8日,徐昆峰所在的武汉江汉开发区方舱医院休舱。

虽然方舱休舱了,但是武汉的疫情还是十分严峻的。因此,第二天安徽省第八批医疗队就向省总队递交了一份请战书。在这张"请战书"上,也有徐昆峰的名字和手印。

徐昆峰说,勇敢面对,不负韶华。通过此次战"疫",作为影像人,他们在武汉疫情高峰时迎难而上,不怕死,不怕感染,抱着必胜的决心,为武汉保卫战作出了自己的贡献。在未来的工作中,他将会保持着支援武汉的各种优良作风,在自己的岗位上继续奋斗。

## 高建磊:"疫情不退我不退,我是党员不怕累。"

今年31岁的高建磊是一名影像技术人员,中共党员。自1月19日开始,他便投入到医院发热门诊参加战"疫",奋战在第一线。连续工作一个月后,他又主动请缨于2月22日随同安徽第八批支援武汉医疗队医学影像队伍奔赴武汉,发挥疫情"侦察兵"的作用。

无论是在亳州还是武汉,高建磊在战"疫"中积极贡献专业知识,都诠释一名基层共产党员的医者初心。

"CT检查能够较早地发现肺部可疑病灶,并及时提供给临床医生对患者进行针对性治疗,医学影像在对抗新冠病毒中非常重要。"说起工作经历,高建磊言语中充满自信,作为医院影像中心的技师长和党员,年轻的自己要第一个上。

早在1月19日,亳州市人民医院发热门诊便做好了疫情防控的准备工作,高建磊第一时间参与其中,从机房改造、CT安装和后期培训,他都全程参与,在CT安装完成后又利用下夜班等休息时间打扫卫生和进行消毒。

一周后,随着疫情严重,工作量增大,又有三位同事加入一线影像检查工作,由于感染人数的增加,每个医务人员的心理压力非常大,作为技师长的高建磊耐心地帮助大家排解心理压力,并不厌其烦地一次又一次演示穿脱防护用品、交代规定的工作流程。

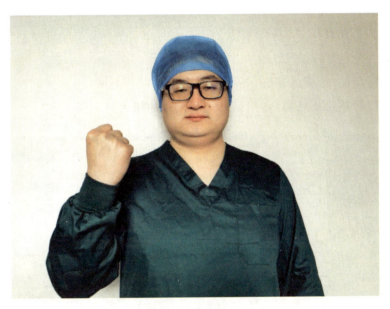

**安徽第八批支援武汉医疗队医学影像队队员、放射技师高建磊**

由于前期防护用品紧张,高建磊还利用自身的社会关系,积极联系、多方求援,为一线人员争取到了一批防护服、酒精、口罩等防护用品,极大地缓解了疫情前期防护用品不足的情况,保障了医务人员的安全。随着疫情进一步加重,亳州市实行"小汤山"模式集中诊治新冠患者,前期奋战在一线的高建磊本来可以申请轮休,不必到定点医院继续工作,但他依然选择逆行,继续到亳州市定点医院奋战。

2月21日,高建磊接到省里通知,需要从市人民医院抽调两人参加安徽省医学影像技术队支援武汉。看到消息后,他第一时间申请前往武汉。

自2月23日投入战"疫",高建磊平均每天为300多名患者进行胸部CT检查,顶着身体的疲倦和心理的压力,为临床医生提供了严谨、翔实的影像,为抢救患者提供了"数据支撑"。这样高强度的工作状态,直至3月9日休舱才结束。

高建磊的手机上一直保留着一条短信:"我们都是医生,国家有难,这是我们的使命,我和你妈都挺好,你在武汉一定要照顾好自己,相信疫情很快就会过去,我们很快就能团聚,把春节的团圆补回来。"

"这是刚到武汉时,我爸给我发的短信,尽管平时能通过视频问候,但我父亲不善言谈,所以就发了这个信息,其实我知道,父母也会因为牵挂我而掉眼泪。"高建磊说,这条信息他会一直保存着,这不仅是父母对他的关心,更是自己努力工作的动力。

高建磊说,待疫情过去,他会带着父母专门来到武汉,品尝武汉的鸭脖,游览享誉世界的黄鹤楼,共同见证这座城市的伟大与坚强。

高建磊(左)、徐昆峰(右)从武汉凯旋

# 伉俪异地同心共战"疫",践行初心使命

李　骏（淮北市人民医院宣传文化科）
黄　猛（淮北市人民医院党委办公室）

2020年新冠肺炎疫情发生后,孙伟主动请缨,向淮北市人民医院党委申请加入安徽省援鄂抗击新型冠状病毒肺炎医疗队伍。他的妻子李丽坚守在淮北市疫情防控的第一线。他们伉俪两地携手,践行初心和使命,疫情不退,他们不退!

"亲爱的,刚接到医院通知,要去支援湖北,马上就要出发,家里父母和孩子就全靠你自己了。你也知道湖北疫情较重,作为一名医生能够参与救治,也是我的荣耀……"2020年1月27日上午10时许,中共党员、淮北市人民医院呼吸内科主任医师孙伟接到了院里13点40分集合出发的通知后,给妻子李丽的微信发了一条饱含深情的信息。

此刻,李丽正在淮北市人民医院感染科的病房里忙碌着。坚守在全市疫情防控的第一线的她,压根没有时间看到老公这条"罕见"的温情告白。

## 温情告白:"你放心,我会平安回来,我爱你。"

2020年1月27日中午12时许,忙完了手头的工作,李丽才打开了手机。

丈夫的微信闯入眼帘,尤其是最后一句"……你放心,我会平安回来,我爱你。"每个字每个标点符号都柔软舒展,却又如一把小槌撞击着她的心。

心里一疼，李丽的眼圈就红了。脱下白大褂火急火燎赶到家，只见孙伟和儿子顺顺正在收拾着行李。平时有说有笑的父子俩，脸上都有些凝重。

"爸爸，你怕吗？"蹲在行李箱旁的儿子低着头问道。

"不怕，这有啥可怕的。"孙伟语气平静地说。

"爸爸，我怎么有点害怕呢？"儿子抬起眼帘，注视着父亲。

"小子，你对爸爸要有信心！"孙伟说着挺起胸脯，又笑着拍拍儿子的肩头，"看，爸爸胸前佩戴的是党徽，这就是一面胜利的旗帜，这次去武汉就是和叔叔阿姨们一起战胜病毒，打胜仗！"

时间紧迫，一家三口围坐在一起吃了顿简单的午餐。"顺顺，爸爸去武汉了，照顾李丽的任务就交给你了。"

听到父亲的叮嘱，15岁的顺顺立即保证道："放心吧，老妈交给我了！四年前你去援藏时我还小，这次你驰援武汉，我长大了！我和老妈在家等着你凯旋！"

2015年8月，安徽省成立首批组团式医疗队援藏。孙伟成为一名光荣的援藏医生。

初到西藏，他顶着上吐下泻、剧烈头痛、喘不过气这些强烈的高原反应，立即投入为藏区人民服务的工作中。在负责山南地区医院ICU期间，他克服当地医疗卫生软硬件条件差的困难，面对面、手把手地教授当地医务人员如何做胸腔穿刺、胸腔闭式引流术，教他们如何观阅肺部CT，带领他们开展了山南地区首例气管镜操作。通过他们的努力，他所在的山南地区医院ICU救治团队的理论和技术水平上升了一个台阶，医院的社会知名度也大有提升。援藏期间，他就地取材，以导尿管代替胸腔闭式引流管，治愈了一名气胸患者；全力以赴，救治了一位中枢系统感染、重症肺炎、呼吸衰竭的危重患儿，这样的例子举不胜举。每当面对患病藏族群众充满无助、期盼的眼睛，他都会上前握住患者家属的手说："我们会竭尽全力的！"他认为，这一刻不仅是藏族同胞给予的最大信任，更是自己作为一名共产党员价值的体现。

孙伟获评山南市"优秀援藏干部"

## 驰援武汉,义无反顾

4年前援藏,穿越生死。这次,孙伟再次主动请缨,向院党委申请加入安徽省援鄂抗击新型冠状病毒肺炎医疗队伍。

在出发援武汉的前一天晚上,孙伟才在饭桌上轻描淡写地说了一句:"今天院里招募去湖北应急救援人员,我报名了。"

"都决定了?啥时候能公布名单?"李丽听后略有迟疑,扒拉着碗里的饭问了一句。"现在疫情紧急,估计明天上午就会宣布名单。"孙伟答道。

"科里老主任年纪大了,其他几人孩子小,家里都有事。我专业对口,又有重症护理经验,这场战斗我去最合适。"孙伟瞅了眼妻子,又补充道,"只是又辛苦你了。孩子马上要中考了,几位老人都需要关照……"

"你放心去,家里有我呢。"听了妻子的话,孙伟没说话,抬起右手在她的头上摩挲了一下。

那一夜,李丽辗转反侧,怎么也不能入睡。现在武汉就是抗击新型冠状病毒肺炎的主战场,孙伟这次出征,她心里怎能不七上八下?她与孙伟结缘在淮北市人民医院感染科,他是医生,她是护士。孙伟身材敦实,又是络腮胡,每天刮完胡子腮帮子都泛着青光,就这个外表粗犷的男人对待患者却格外细心温和。2004年5月,经过了两年多的恋爱,两个人喜结连理。婚后,孙伟是个暖男型老公,照顾家,疼爱妻儿,孝敬老人,是李丽心中的顶梁柱。

**孙伟、李丽夫妻合影**

1月27日13时许,孙伟即将出发。一家三口拥抱着喊了三声:"加油,必胜!"孙伟拉着行李箱,出了门。他不让妻儿相送,让李丽和顺顺等他胜利归来。

李丽和儿子跑到厨房,透过窗户往下看,能看到孙伟前行的背影。拉着行李箱的孙伟,出现在视线里,步履坚定,没有回头。当他的身影消失在拐角处时,李丽憋忍着的泪水,喷涌而出。

身边的顺顺拥抱住她,在儿子有力的臂弯里,李丽的心慢慢安定下来。"妈,别哭。老爸去战斗,我们在家都好好的,迎接他凯旋!"

### 你若安好,便是晴天

"今年春节,对于市人民医院医务人员来说,是一场紧张的战斗。"2月1

日,在淮北市人民医院感染科病房护士休息室,笔者见到了李丽。"我和孙伟只是身处的战场不同,但是使命一样。"

自从孙伟出发去了武汉这个疫情大前方,李丽就没睡过一个囫囵觉。"我和他约好,不打电话。因为他会很忙,他每天会抽时间给我发个微信报平安。"

孙伟报平安,几乎都是在夜里。每天别管多晚,听到手机微信提示音响起,看到"平安,勿念"这几个字,李丽才会心安。

15岁的孙瑞岐,小名叫顺顺。春节这段日子,对于他来说和平常的日子没什么不同。每天爸爸妈妈行色匆匆,交谈的话题也离不开新冠病毒。在春节开始的几天,爸爸每天下班后都会到妈妈工作的感染科去帮忙,因为发热病例增多,医护人员忙不过来。每天回到家里的父母都是面带疲惫,目光里有焦灼、有担忧,更多的是坚定。

"我为老爸感到自豪!"孙瑞岐目光灼灼,笑容明媚。"爸爸驰援武汉,老师和同学们纷纷发来问候和祝福的消息,让我很感动。爸爸不在家,妈妈工作忙,我要自己照顾好自己,不能让他们分心。"1月28日,他就开始暂住在妈妈的朋友家里,一家三口分别在不同的地方。"我见过世界上最雄伟的山峰,就是老爸坚实可靠的肩膀;我还见过最美丽的花朵,就开在老妈流着泪水却仍然微笑的脸上。"

"不是伟大,是职责所在。他是医生,救死扶伤就该冲在前。"2011年入党的李丽,谈起老公孙伟驰援武汉的行为,恬淡地笑着,"这次与孙伟同去武汉的还有护士牛小群、刘添添、王金玲和张莉,她们中有的孩子才两三岁,那是多重的牵挂啊!所以说,英雄不是都穿着五彩铠甲,我们的战袍就是白大褂和心中坚定的信念。"

1月28日上午8时36分,抵达武汉接受战前培训的孙伟发了一条朋友圈:"在这里谢谢大家对我的关心和支持。以后尽量不要给我打电话,可以微信留言,请大家原谅。再一次感谢大家的厚爱。"

经过再三联系,2月1日12时37分,在武汉太康医院支援的孙伟通过手机微信接受三分钟的采访。"这次新型冠状病毒感染性肺炎疫情比较重,特别是武汉,急需医护人员。作为一名医生要牢记自己的使命,更何况我还是一名共产党员,在这种时候我们更应该冲在前……""在这里负责两个病区,有70多位患者,每天至少要工作12个小时。但是放心,我会做好自身防护,谢谢关心。"简短交流后,孙伟又投入了战斗。

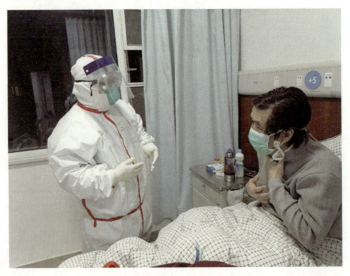

在武汉太康医院工作中的孙伟

你若安好,便是晴天。李丽说,在夜里自己哭过,因为牵挂,因为担心。脱掉白大褂,他们是父母,是儿女,是一个个有牵挂、有担心的平凡人。披上白大褂,他们便是医生,是战士,是一个个有情怀、有担当的守护神。

他们义无反顾,在疫情面前选择了使命与担当。因为"对党忠诚、积极工作,随时准备为党和人民牺牲一切",是他们对党许下的铮铮誓言;因为"救死扶伤、护佑生命",是他们揉入骨血中的本能;因为"甘于奉献、大爱无疆",是他们时刻铭记无法忘却的初心。

没有一个冬天不可逾越,没有一个春天不会来临。武汉,湖北,全国的疫情防控人民战争取得了胜利,"孙伟"们高唱凯歌,载誉而归,而这与千千万万个"李丽"的全心付出、默默支持是分不开的!

# 艰苦战"疫"，深刻洗礼

王锦权（中国科学技术大学附属第一医院（安徽省立医院））

2020年初，新冠病毒肆虐江城，党中央一声号令，全国各地医务人员驰援武汉。我有幸成为其中一员，和大家一道，不计个人安危、无怨无悔地奔赴新冠肺炎患者身边，成功地挽救了大量危重患者的生命，自己也深受洗礼。

新冠肺炎是人类近百年来遭遇的一次严重危机和严峻考验，给各国人民生命安全和身体健康造成严重威胁。面对这场前所未知、来势汹汹的疫情，在党中央的领导下，我国政府和人民以坚定果敢的勇气和决心，打响了疫情防控的人民战争、总体战、阻击战。这次疫情，既是对国家治理体系和治理能力的一场大考，也是完善和提升国家治理水平的一个契机，更是一次家国情怀的洗礼。

## 请战！患者在哪，我们的任务就在哪

1月23日，一座1400多万人口的城市选择了"自我隔离"。壮士断腕，史无前例！前一日，我所在的医院——中国科学技术大学附属第一医院（安徽省立医院）党委开始陆续收到医务人员的请战书。24日，医院火速成立抗"新冠疫情"突击队，第一批就有1000多名医务人员主动报名参加，随时可以奔赴战"疫"最前线。当时，在我们的心里，前线一部分在武汉，那是前线中的前线；另外一部分就是我们医院的发热门诊，还有安徽省新冠肺炎重症患者收治最多的地方——我们的感染病院。

在成为医生、护士的时候，我们都曾庄严宣誓，患者在哪，我们的任务就在哪。我和我的同事们在第一时间就向党组织报名请战。作为医务工作者,我们深知救死扶伤是我们神圣职责;作为中国共产党党员,我们更加深知党员应履行的责任和义务;而作为重症专业的医师,决定了我应该往前冲!除了重症医学科,还有呼吸科、感染科等内科同仁,包括外科的同事们也在积极报名支援武汉。医院随后根据每个人的业务专长,以及武汉方面需要的学科、人数进行配比。对于真正接到任务的战友们来说,我们应该算是"幸运儿"。相较于报名人数,被组织选中的概率不到六分之一。

## 人生中最难忘的1小时

2月15日,我和领队鲁朝晖书记一起,带领我们的队友接管了华中科技大学同济医学院附属协和肿瘤中心Z6病区,开始了救治新冠肺炎重症患者的"战斗"。当天下午,首批20多位队友进入"红区"开始收治新冠病毒肺炎重症患者,"抗疫"战斗正式打响。

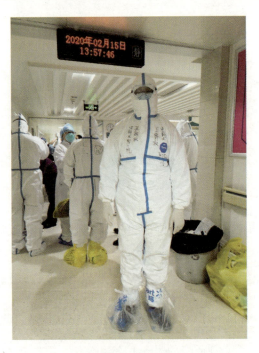

率先进入"红区"

刚开始收治患者的1小时内,有大批重症患者涌入,即便是我这样一个从医30多年重症专业的医生,内心也感觉到异常的震撼和忐忑!那是我人生中最难忘的1小时!

平时在医院接收新患者一般是两三个一起来,最多时候也会出现十个八个新患者同时到来的情况。而在武汉的这次战"疫",一次是整整运来两大巴士的患者。成批收治后,整个病区64张床位很快收满。那一天,武汉大雪纷飞,天气特别寒冷,但所有的战友们穿着厚重的隔离衣,高速运转着,很快便汗流浃背。

按照分类诊疗、轻重缓急的顺序,队友们各司其职,对患者逐一进行安排。有些患者从车上走到病房时已经站不住了,队友们赶紧把椅子搬出来,让他们休息。记忆特别深刻的是有两位患者进入病区门口瘫坐到了地上,我赶紧把他俩搀扶起来。其中一位患者摆摆手,说你们离我远一点,我传染!我就跟他说,我们就是来救你们的,我们不能闪。她执拗地往后退着,说你们是健康人,不要因为来救我们就把自己传染了,你们家里人需要你们。她还把头转过去,背对着我们咳嗽了起来。

"英雄的武汉人",这句话一点不为过。如果不是亲身经历,你是无法想象,我们的患者在那样的状况下,病得这么重,还能时时刻刻地挂念着"如何减低我们被感染的概率"。

## 总有感动在心间

总有一种感动,让我们触动心扉、热泪盈眶;总有一种真情,让我们倍感温暖、铭记于心。新冠病毒横行的日子里,我经历了太多的感动。尽管年近花甲,也时常被感动得热泪盈眶,甚至老泪纵横。去武汉之前,常常被我们医务人员不畏生死、不计报酬,勇敢奔赴危险的第一线所感动;被医务人员家属们能顾国之安危,牺牲小家,全力支持家人去一个不知何时回家,也不知道还能否平安回家的危险地区而感动;被举国上下,凝心聚力,共克时艰的团结和拼搏而感动!

我们于2月12日晚间接到任务,医院不到两个小时就组队完成了。出发前,医院同事们在自身防护物资严重缺乏的情况下,为支援武汉的医疗队员倾其所有,连夜打点行装,好让"勇士们"多一点安全保障。15日下午3点奔赴机场,5点登机,274人的安徽第四批支援湖北医疗队在20个小时内集结完毕,还携带着包括诸多重型装备的支援物资整装待发。难道我们不应该为政府、医院以及支持我们的各行各业的这种效率所感动吗?

2月13日,王锦权(前二)与136名队友共同宣誓出征、驰援武汉

在火速支援的过程中,感动我的还有我以前很少接触的人和事。上飞机时,机长和乘务员给予我们如同"救国救民"战士般的礼遇,对我们不畏生死的逆行者精神给予了高度赞许。到达武汉东流机场,机场工作人员反复跟我们说的话是"感谢你们"。其实我们什么也没做啊,仅仅是"我们来了!"。武汉市委、市政府在工作非常繁忙的情况下,市委常委、组织部长前来机场迎接我们。我们携带的所有设备和生活用品是武汉市城管队员们帮我们送到酒店门口的。东西多,人少,他们没有一声怨言,全力搬运。我默默在想,他们又是为了谁?这可是深夜11点至凌晨2点的时段呀!

医疗队最小的队友是1997年出生,比我的孩子还小;大多数队友在我的心中,如同自己的孩子一般。在这一场"硬仗"中,他们用勇敢、专业、坚韧、顶天立地的"白衣战士"形象展示给世人,把安徽医务人员最美的身影留在了武汉,也赢得了武汉人民的赞誉,他们最让我感动!

到达武汉时,武汉是下雪天。霓虹灯闪烁着"武汉加油""湖北加油""中国加油",路上看不到任何行人,车外听不到任何武汉人的声音,空气中透着浓浓的静谧。为了保证通风,同时避免住宿酒店的空调传播病毒,医疗队要求居住房间的窗户不能关、空调不能开,在刺骨的寒风里,我们几乎都是和衣而卧。下班后常常只有冰冷的饭菜,我们就用开水冲冲兑兑,大家知道武汉的物资保障有困难,无人抱怨。在我们救治的患者当中,60岁以上的老人占到近一半,他们讲话大多是用浓浓的方言,为了更好地与患者沟通,方便治疗,我们的一些队友就向当地志愿者请教,在最短的时间内编制"武汉方言词典",并发给每位队友。还有些队友看到患者们经常双眼无神地躺在病床上,便联系相关学科专家,编制呼吸操、康复操,带着患者们在病房里锻炼,对促进治疗、缓解患者紧张情绪起了很大作用。

我们的队友们也需要缓解压力。领队鲁朝晖书记怕大家休息时在房间里面胡思乱想,就想方设法联系到周边部队的操场,每天将队友们集中到一起做广播体操。在我们两位领队不能随小组去医院时,我们总会在酒店门口送队友们上班,给他们打打气,叮嘱叮嘱。对于安全来说,其实不起多大作用,但我们要让队友们觉得有人在背后支撑着他们,让他们不觉得孤单。

## 很想找个没人的地方大哭一场

去武汉前,从各个渠道获知的消息是武汉有3000多名医务人员被感染。截至2月13日,我查了一下,共有15位医务人员因为感染新冠肺炎去世。这对我们队友来说形成巨大的精神压力,尤其是看到有当地的医务人员送来病房抢救时,我们的精神压力会更大,自然会考虑下一个是不是"我"。前往武汉的飞机上鸦雀无声,一路寂静,我们都不知道自己还能不能完整地回来。但我们每一个人心中都知道,既然选择了这个职业,既然国家面临这种困境,可以说是到了危难时刻,我们就是战士,理所应当往最危险的地方冲。

平安归来的时候,在接受采访时被问到此刻最想做什么?我回答,很想找个没人的地方大哭一场,作为副领队的我精神压力太大了,我要和这些"孩子"一起平安回来,我们一个人也不能丢在武汉。是的,我们终于完成使命,全体队友平安完整地回来了,不辱使命地回来了,一个没少,一个没落下。别时飞雪,归来春风……

**圆满完成任务**

疫情还没有完全散去,常态化防控工作仍在继续。偶有闲暇之时我也在反思,在武汉期间我们还有哪些做得不好的地方。尽管这种事情很难遇上一次,遇上一次就是国家的灾难,但是谁又能知道下一次会是在什么时间、什么地点等待着我们呢?!我们伟大的中国人民会一如既往,在党的领导下,团结一心、众志成城,去应对所遇到的任何困难。我们也终将会战胜这些困难!

# 跨越鄂皖大地，驰援中伊之间

王东升（中国科学技术大学附属第一医院（安徽省立医院）呼吸与危重症医学科）

从安徽到武汉，从中国到伊朗，30多天的难忘经历，最让我骄傲的是出生在一个伟大的国家。正是在党和政府的正确领导下，在强有力的疫情防治措施下，应检尽检，应治尽治，才能迅速控制此次疫情的暴发。

突如其来的新冠肺炎疫情在国内暴发，并迅速在世界范围内传播。作为呼吸专业的医生，理所应当冲在第一线，中国科学技术大学附属第一医院（安徽省立医院）副院长徐晓玲教授被任命为安徽省新冠肺炎救治组组长，第一时间在科室为成员培训了新冠肺炎相关知识，春节即将到来，医院通知取消休假，全员待命，那时候大家都意识到一场"战疫"即将打响，但是可能谁都没有想到疫情会来得如此猛烈。

为应对新冠肺炎，医院迅速做出反应，改造1号楼作为发热门诊，成立了新冠专家组，感染病院区空出病房提早准备……科室也做足了准备，提前进行了院感防护培训，科室人员被分为三路人马，方园和谢旺在发热门诊上班，章俊强、曹洁、纪子梅抽调前往感染病院深入一线，而我和其他人员负责新冠肺炎二线会诊任务。科室很快进入前所未有的困难时期，一方面承担全院的新冠肺炎排查会诊任务，另一方面还继续收治呼吸相关危重患者；随着疫情的暴发，口罩、酒精等防护物资异常匮乏，科室面临着人荒、物资荒……回想这段日子，虽然辛苦艰难，但是大家从不抱怨，紧密地团结在一起。这期间发生了很多很多难忘的故事。

梅晓冬主任敏锐地发现疑似患者并最终确诊，胡晓文主任作为专家组成员还主动承担值班任务,徐飞主任、蒋旭琴主任早早退掉了已订好的春节假期机票,崔静萍护士长每天为我们能够拥有充足的口罩在奔波,鲍清护士长第一时间前往发热门诊一线,方必翠老师、王义阳老师等每天不厌其烦地叮嘱手消、监测体温等,部分进修轮转医师过年期间自觉坚守岗位,还有爱心人士的无私捐赠。

疫情不容乐观,徐晓玲副院长和魏海明教授决定成立科研攻关团队,我有幸成为其中一员。我们迅速在感染病院检验科建立实验室,开始对新冠肺炎进行科研攻关,魏老师及周永刚等团队成员身穿防护服每日工作在实验室,辛苦、危险程度丝毫不亚于一线医护人员。得益于多年来在免疫学方面的造诣,魏老师团队很快发现了新冠肺炎"炎症风暴"机制,魏老师的一句话至今让我印象深刻:"赶快应用于临床上,越早越好,争取能够救治更多的患者。"时间不等人,疫情仍在持续,徐院长在结合各地疫情特点分析后,决定从阜阳地区开始应用,接到任务,我立即驱车前往阜阳,在阜阳市第二人民医院院长韩明锋大力支持以及师妹张小华医生帮助下,在阜阳对部分重症患者给予阻断炎症反应治疗。前期结果令人鼓舞,我们迅速注册了全球首个托珠单抗用于治疗新冠肺炎的多中心随机对照研究。

驰援武汉!可能每一个医生,此刻都是激动的,此时我们都是战士,科室所有人员都纷纷请战,积极报名,最终夏大庆、陈军、王晓婧、杨琳琳、李梅、詹改成为呼吸科首批援鄂队员,他们是勇敢的"逆行者"!科室大部分人员都来送行,梅晓冬主任最后时刻反复嘱托的背影尤其令人动容。说实话最开始心里特别失落,就像平时练兵的战士,战争打响,却无法上场,但是很快说服自己,此刻,无论在哪一个岗位,身为呼吸人都是在为抗击疫情出一份自己的力量,无论身在一线还是二线,无论医生或者护士。

2月24日下午我突然接到通知,要求第二天一早前往武汉,国家卫生健康委对"托珠单抗"方案高度认可,在国家红十字会的大力支持下,建议在疫情更加严重的武汉推广,争取可以挽救更多生命,中国科学技术大学及医院领导高度重视,决定成立专家组前往武汉,我有幸作为成员一同前往。至今记得接到通知时的状态,激动兴奋又有点不知所措。第二天党委书记刘同柱带队前往武汉,魏老师、杨春梅老师、杨云老师,还有安徽省红十字会曹芦松秘书长及王剑锋一起,开始了难忘的援鄂之行。

在武汉协和医院推广交流托珠单抗方案

2月25日下午2点左右抵达武汉,团队就马不停蹄开始了方案的推广工作,团队还补充了我院援鄂医疗队的部分同事,在武汉14家定点医院开始推广"托珠单抗方案",大家每天都奔波在不同医院进行交流,解答用药常见问题,回访用药后患者病情变化。令人感动的是支援的同事们还有临床一线上班任务,大家都是利用休息时间去不同医院推广方案。刘同柱书记更是身先士卒,带队前去多家医院进行交流推广,而且每晚8点准时召开在线会议,总结当日工作进展,给大家加油打气;杨春梅老师每天总结数据,书写汇报材料到深夜,甚至通宵。同时,刘书记还兼任安徽驻武汉前线副总指挥,需要参加各种工作会议、学术交流,还利用空余时间慰问一线医护人员,工作非常辛苦。在大家的努力下,"托珠单抗方案"推广进展顺利,前期数据显示疗效令人满意。最终,"托珠单抗治疗重型新冠肺炎"得到国内专家及同行的认可,顺利进入《新型冠状病毒肺炎诊疗方案(试行第七版)》,徐院长在全国视频会议上解答方案,魏老师出席会议,这是了不起的成就,至今还记得当参加完讨论会,确定进入国家诊疗方案后,大家激动兴奋的模样,书记带领大家在宾馆走道上拍下了一张照片留念。

"托珠单抗方案"进入国家诊疗方案，刘同柱书记和魏海明教授带领的专家组成员在宾馆走道合影

武汉是座英雄的城市，是座美丽的城市。初来武汉时大街空无一人，路上车辆寥寥无几，随着科学有力的防治，武汉逐渐迎来复苏。春天已来，樱花已开，抗疫胜利已经不远，在武汉短短20余天经历了很多，见到很多奋战在一线的同事，我们"棒棒哒"呼吸小分队，重逢在武汉的大学老同学，美丽的长江大桥及武汉夜景，热情的武汉人民，当然还有无数奋战在一线的医护人员、工作人员以及志愿者们。

3月13日晚，零点刚过，突然接到前往伊朗德黑兰的任务，受红十字会总会委派，前往伊朗分享托珠单抗在治疗新型冠状病毒肺炎的经验。接到任务，内心激动、兴奋又紧张，就像被派来武汉一样，也是突然接到指令，但这次更加突然，而且去的是一个遥远的神秘国度。那里的物资条件肯定无法和国内相比，但领导能交给自己这么大一个任务，觉得荣幸至极。然后就是一个不眠之夜，办理离鄂手续，安排出发日程，一切都很迅速且高效，在机场和我的战友李明博士汇合，办理相关手续开始安检登机，这时候也有人得知我们即将奔赴伊朗支援，要求过来合照。候机时才知道此次航班旅客只有我们两人，飞机上的机组人员非常热情，给我们安排在了商务舱。货物装载完毕后生平第一次遇见飞机提前起飞了，充满未知挑战和风险的支援伊朗之旅开始了。

伊朗时间3月15日凌晨3点30分顺利抵达德黑兰。我们随行带了30多件箱子，都是国内爱心人士捐赠的物资，伊朗工作人员也非常热情，主动安排工人帮助我们搬运行李物资。很快大使馆工作人员和卫生部工作人员抵达，红十字会援助伊朗领队周部长也随后赶到，带我们先回酒店休息。我们入住的酒店是Parsian Azadi Hotel，在当地算是很好的酒店，但是相比国内也就是比快捷酒店好一点点的水平。终于可以拿下口罩了，算一下已经持续戴口罩24小时之多，我的脸已经油光满面，耳朵已经没有知觉，此时只想洗个热水澡休息。第一个打击来了，酒店没有热水，因为是当地凌晨，只好先洗把脸凑合睡觉倒时差。中午12点30分在周小杭领队的介绍下见到了援助伊朗志愿者团队的小伙伴——老马（马学军，中疾控病毒所）、老吴（吴寰宇，上海市传染病防治所）、老钱（钱志平，上海市公共卫生临床中心）、凌翔翻译（上海对外办）。这是一支优秀的团队，也是国内最早集结出发的援外医疗队，每个人都有着很强的专业能力，周领队给我们团队起了个新的群名"七剑下天山"。

而在我们来之前这支志愿者团队已经在周领队的带领下在伊朗奋战了近半个月，非常辛苦，在我们加入团队后，也迅速开展了相应的工作，第一时间将托珠单抗应用的流程及相关注意事项的英文版本及波斯语版本分享给了伊朗的医疗专家（特别感谢科大讯飞团队），同时李明主任积极联系IL-6检测仪器的安装调试工作。团队还应伊朗卫生部请求，组织了中伊两国专家的视频连线会议，中方专家代表看到两个特别亲切的名字——魏海明教授和我的博士导师徐晓玲副院长，也是托珠单抗方案的主要负责人，作为科研团队成员，真是觉得既骄傲又自豪。

我们团队还分别前往德黑兰医科大学公共卫生学院以及霍梅尼医院进行交流。交流得知，德黑兰医科大学在伊朗全国有14家附属医院，其中6家综合性医院负责收治新冠肺炎患者，在会议交流中，我也向伊方介绍了目前武汉目前收治患者的流程及防控措施，回答了部分专家的一些问题。在伊朗最大的医院，德黑兰医科大学附属霍梅尼医院，我以幻灯片的形式向伊方进行了目前托珠单抗应用情况介绍，介绍托珠单抗用于治疗新冠肺炎已进入《新型冠状病毒肺炎诊疗方案（试行第七版）》，并且受到国际医疗同行的关注，目前在美国、意大利、西班牙均已开展托珠单抗用于新冠肺炎的多中心研究，美国麻省总院的新冠肺炎诊疗方案也对该方案做了推荐。沟通得知，目前在伊朗也已经开展托珠单抗用于治疗新冠肺炎临床研究，目前已开展50余例。

在伊朗德黑兰医科大学附属霍梅尼医院介绍托珠单抗用于治疗新冠肺炎的研究

我们团队还负责对接国内捐赠物资工作，在伊朗卫生部仓库看到了大批国内的捐赠物资，最新款的呼吸机、无创面罩，还有成箱的中成药。"伊朗加油""四海之内皆兄弟，身自造化本一源""伊国同村，共同抗疫"等标语随处可见，此时更加能感觉到祖国的强大，人间大爱。仓库工作人员各种拍照合影，纷纷竖起大拇指。

团队在伊朗卫生部、伊朗红新月会以及中国驻伊朗大使馆的支持下，开展了很多学术交流工作，如协助指导伊朗巴斯德病毒研究所提高病毒检测能力，社区走访调查，以及在国企及华人团体中宣教新冠肺炎知识，指导企业的防控措施等工作，受到伊朗各界的一致好评。伊朗通过借鉴"中国经验"，在病毒检测能力、方舱医院建立以及居家隔离监测体温防控措施等方面都得到很大的改进。在伊朗期间恰逢伊朗一年中最重要的节日——"诺鲁兹"节，相当于中国的春节，伊朗人会布置一个"七鲜桌"，摆放着7种在波斯语中以"S"开头的物品，营造节日的气氛。7是他们的幸运数字，而巧合的是我们团队成员也正好是7人，援伊期间处处感受到团队的温暖、伊朗人民的热情和友好，也经常会收到红十字会领导、医院领导的关心，同事同学的问候，均令我非常感动，还收到了康复医学会的援鄂优秀个人的表彰，以及红十字会发来的慰问信。

作为一名普通的呼吸科医生，有幸见证了科室在此次"抗疫"过程中的担当和成长，从安徽到武汉，从中国到伊朗，科室都为抗击疫情贡献了一份力量。我作为其中一员感到非常幸福，也为之后的工作增添很多的动力，再次感谢所有人帮助和关心，愿科室越来越好！愿疫情早日散去！愿所有人健康平安！

第二编　悬壶济世　『皖』救生命

# 首例新冠肺炎确诊，安徽吹响"实战"号角

张鸿雁（安徽医科大学附属巢湖医院宣传科）

没有从天而降的英雄，只有挺身而出的凡人，正是一位位甘于奉献、舍生忘死的医务工作者们，用双手和汗水筑起了坚不可摧的防疫长城。

1月22日，安徽省首例新冠肺炎患者在安徽医科大学附属巢湖医院确诊，由此吹响了安徽省抗击疫情工作的"实战"号角。安徽医科大学附属巢湖医院作为安徽省新冠肺炎患者定点收治医院，自疫情发生以来反应迅速、众志成城，构筑起疫情防控救治的坚固防线。

## 反应迅速确诊安徽省首例新冠肺炎患者

1月19日上午11点多，一位30岁的年轻小伙子，戴着口罩，自己驾车前来就诊，自述从武汉回来，发热、咳嗽。这让发热门诊接诊医师刘轶群高度警觉，立即给予相应防控措施，完善相关检查后，他迅速向医院防治专家组汇报，经过专家组的会诊，该患者高度疑似感染新型冠状病毒，遂即进行隔离治疗。当天晚上11点，该患者核酸检测阳性。面对这个结果，大家没有慌乱，前期的培训、演练，让这群多年来就一直和传染病作斗争的医护人员立即对患者开展进一步的相关治疗。

为防止患者知道自己确诊而难以控制情绪，感染疾病科一病区护士长王小丽和发热门诊护师李红霞从当天傍晚7点多一直陪检陪护患者到第二天早上8点，长达12小时。隔离病房的护理队伍立即组建起来，感染疾病科的医师们纷纷请缨进入隔离病房，主动要求到一线战斗。对此，感染疾病科

主任张照如特别感慨:"当时我们对疾病的认识不是很充分,那个时候医务人员对这些患者进行救治存在很大的风险和不确定性,但是让我很高兴的是,我们科室的同志都没有退缩,都积极申请前往一线工作。"

张炜和程跃是第一批进入隔离病房的两位医生。张炜医生家中母亲患有肺癌,而且他还是独生子女,爱人又刚刚怀孕不久,家中有很多事情需要他去承担。程跃医生家在合肥,家中有一双儿女也是许久没见了,还准备过年时回去好好团聚的,但是他们义无反顾地冲在了最前面,等他们再次见到亲人们的时候都已经是一个多月之后了。当问到程跃医生为什么当时没有太多顾虑就进入隔离病房,他只是朴实地回答:"我并没有考虑病毒有多可怕,更多地是想要了解这种疾病,想要用我所学所知,帮助患者康复。"

## 首例治愈鼓舞医护人员战"疫"信心

在治疗过程中,患者开始心理压力很大,也知道自己是安徽省的首例确诊患者,所以让他对医务人员树立信心至关重要。医护人员除了日常的专家会诊、精心护理外,还要对他进行心理疏导,按照他的口味搭配营养膳食。"要建立对我们的信任,我们只有付出更多的时间和耐心。"隔离病房护士长钱月娟说道:"我们每天都要告诉患者,他的病情进展和治疗情况,鼓励他多和家人、朋友沟通,一定要对生活充满希望。"在医护人员的精心救治下,这个患者病情渐渐好转,心情也好起来,最终很快就治愈出院了。

回忆治疗经过,隔离病房的医护人员坦言,当时医护人员心理压力也很大,因为是安徽省首例,这例患者是否治愈直接关系到全省、全院抗击疫情的士气。大家都卯足劲,就等着患者治愈出院的那一天。

"2月3日上午,患者情况良好,连续3天体温正常,间隔24小时新型冠状病毒核酸PCR检测均阴性,经安徽省专家组评估,符合国家卫健委发布的《新型冠状病毒感染的肺炎诊疗方案(第四版)》解除隔离及出院标准,该患者今日办理出院。"大家终于等到了首例患者治愈出院的好消息,纷纷前来欢送他出院,这是对医务人员连日来辛苦奋战的肯定,也是对患者迎来新生活的祝福。

2月3日,安徽首例新冠病毒肺炎患者治愈出院

## 战时状态筑起疫情防控救治坚固防线

疫情就是命令,防控就是责任。疫情发生之初,医院高度重视,全员动员,自1月17日起,便针对疫情防控及救治进行全面部署,迅速启动新冠肺炎防治工作预案,成立疫情防控和医疗救治工作领导小组,党委书记任组长,院长任第一副组长。领导组下设指挥部,由院长担任总指挥,负责具体工作部署。其中,指挥部设7个工作组,各小组迅速按照工作职责开展工作。建立疫情防控和医疗救治工作领导小组每日例会制度,部署住院患者救治和防控等内容,不断提高应急处置能力,确保每个环节不出疏漏。

首例患者确诊后,医院立即进入战时状态,全院人员取消春节休假,及时调整病房布局,大年三十上午,千家万户都在准备年夜饭的时候,仅用2个小时就完成传染病楼腾空搬迁,分流安置传染病楼住院患者19人,规范设置了隔离病房,床位数61张。实行全院医护人员战时统一调配,从全院抽调161名医药技人员、230名护理人员参与疫情防控和医疗救治一线工作。设立普通发热门诊、来自重点地区人员发热门诊、儿科发热门诊,实行24小时不间断发热门诊服务,安排志愿者对发热患者进行陪检送检服务。第一时间开通了"网上发热门诊"和"疫情防控免费心理援助热线",患者可居家远程咨询。在病房临时调整中,有的科室关闭了,有的科室病房压缩了,有的科室需要大搬迁,大家识大体顾大局,毫无怨言。

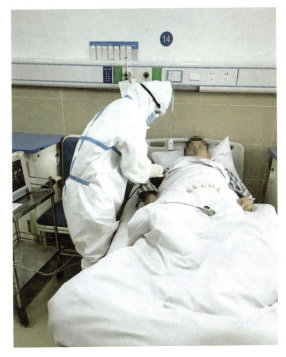

治疗安徽首例新冠病毒肺炎患者

截至7月1日,医院发热门诊累计接诊发热患者5800人次,"隔离病房"先后收住隔离观察、疑似人员113人次,收治的4名新冠肺炎确诊患者已于3月5日全部治愈出院,实现清零,治愈率达100%,院内感染为零。

## 多方保障解除战"疫"的后顾之忧

打赢疫情阻击战,做好物资保障和后勤服务至关重要。自疫情发生以来,医用设备、防护服、口罩等物资频频告急,最关键时几乎"断炊",医院党委积极同上级组织、当地政府、医院物资供应商等多方联系,寻找供货途径,有的领导干部积极深入生产厂家,有的普通职工发动亲朋好友从国内外抢购代购,物资设备科副科长大年初二冒着大雪跨越1200千米自驾车辆到河南长垣市自取口罩,总算渡过难关。后勤服务部门克服困难,妥善解决疫情防控期间餐饮供应和保洁服务,每天安排专人为隔离病房、发热门诊、门诊志愿者等提供无接触式送餐,做好医疗垃圾处理。

医院多方筹集物资共渡难关

医院党委要求各级党组织和党群部门,积极了解掌握奋战在防控一线的医护人员及其家庭情况,做好关怀慰问工作。定期为抗疫一线的人员送上"暖心菜"和"暖心包";安排专人定期为驰援武汉的医护人员寄送生活用品。院党委还将企业、个人捐赠的物品及时发放给一线医护员工。院团委组织社会志愿者免费为医务人员理发。

在疫情防控中,院党委号召党员干部坚决服从组织安排,积极发挥关键时刻冲得出来的先锋模范作用。为解决发热患者陪检问题,防止发热患者"走丢",同时提高检查效率,医院在战"疫"打响之初,在全院党员、预备党员、入党积极分子、共青团员中招募发热患者陪诊陪检志愿者,得到积极响应,189位同志踊跃报名,为发热门诊患者提供24小时陪诊服务。当前,疫情防控工作转为常态化管理,仍有大量的党员、干部坚守在防控一线。

面对突如其来的疫情考验,安徽医科大学附属巢湖医院广大干部、职工坚决贯彻落实党中央决策部署,全面贯彻坚定信心、同舟共济、科学防治、精准施策的要求,以实际行动践行医者初心,用责任和担当,承担起生命的重量。

# 老支部书记的特殊生日

蒋玉波（蚌埠医学院第一附属医院宣传科）

作为一名逆行者，在抗疫的关键时刻，在这场党组织对他的特殊考验中，支部书记李殿明冲锋在前，义不容辞，以8天7夜的无悔坚守交出了一份满意的答卷，用实际行动让崇高的医学誓言回荡在抗疫的最前沿！

2020年1月，一场突如其来的疫情席卷全国。一方有难，八方支援，集结号已经吹响，各方医疗救护力量向湖北武汉汇集，蚌埠医学院第一附属医院的8名医护专家负重逆行，紧急驰援湖北武汉。然而，作为安徽省首批省级新冠肺炎定点收治医院，蚌埠医学院第一附属医院的隔离病房内，一场与病毒抗争的战斗丝毫不轻松。

疫情就是命令，生命重于泰山。和其他坚守在抗疫一线的医护员工一样，第三党总支第一党支部书记李殿明主动请缨、临危受命，紧急加入隔离病房的战斗！

没有告别，只留牵挂。匆忙给爱人打了一个电话，几乎没有带任何东西，李殿明紧急赶到了新冠肺炎应急病房。医院新冠肺炎医疗救治组组长、医院党委副书记何先弟打来了电话："李主任，病区里你年资最高，又是支部书记，现应急病房工作由你全权负责，有事你直接向我汇报……"这是一份信任，更是支部书记的责任担当。

在抗疫一线，初步了解情况后，李殿明立即会同重症医学科吴强、感染性疾病科陈家盛、内分泌科胡小磊和呼吸与危重症医学科周晓宇，组成一支强大的医疗团队，紧急开展危重症新冠肺炎患者的救治工作，为患者筑起生命的堡垒。

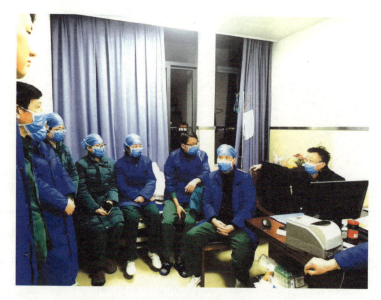

李殿明(右二)带领隔离病区医护团队讨论病例

为了整理新冠肺炎患者的所有病情资料,同时也为国家级、省级专家组随时会诊时了解病情做好充分的准备,李殿明带领隔离病区医护团队,对照病历,就每一个患者的病情和治疗进行梳理,仔细查看每一天的体温单和化验单以及影像学资料,并就目前的治疗方案,做到遵从指南,并结合每一个患者的病情和实际力求做到个体化治疗;同时根据国家级、省级专家和院内专家会诊的意见,进行及时调整。

一切就绪,当李殿明准备进入病房时,同事们异口同声地叫了起来:"李老师,您是支部书记,年资也最高,在外面指挥就可以了,让我们进去!"这是他们对这一位老支部书记的深深敬爱。因为大家都知道,"进"与"不进"意味着什么,每一位医护员工都是血肉之躯,也不是百毒不侵……

但作为逆风前行的白衣战士,李殿明的回答铿锵有力:"我虽然是你们的老师,但我更是一名党员,一名支部书记。冲锋在前、救死扶伤更是我们的初心和使命!""李老师,您一定要保重呀!"……

一次查房至少要3到6小时,汗水浸湿了李殿明防护服内的衣物和N95口罩,口腔极度干燥,倍感口渴。记得有一次,在病房里,李殿明问一位护士:"从这里出去,你最想做的第一件事是什么?"她说:"喝水,喝雪碧、可乐,而且要大瓶的!""好的,出去我一定请你喝雪碧,喝大瓶的!"……

　　危重症患者是要仔细查体的,但是现实的一身武装使听诊变得非常困难,只能通过看心电监护、呼吸机模式、预设参数和实际检测值,并结合血气分析结果进行参数调整。20多个患者查下来,内衣几乎全身湿透,真想坐下来歇一下,哪怕是一小会……

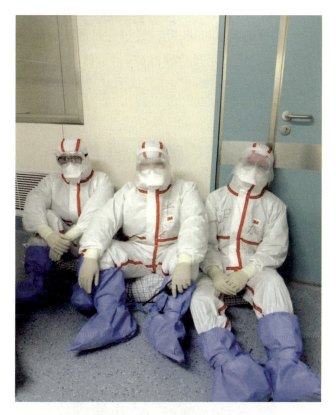

李殿明(中间)同团队队员在一线连续奋战后坐地小憩

　　当李殿明拖着疲惫的身子走出病房,小心脱掉防护服,最后摘掉N95口罩,呼吸第一口空气时,那个感觉真叫"爽"!晚饭后,李殿明和医护团队加班加点,对着电脑,分工合作,逐床进行病程录修改,书写白天的操作记录、危重病例讨论记录等;梳理并安排好第二天要做的事,为次日的查房做好准备,不知不觉已是深夜,口服帮助入睡的舒乐安定渐渐使他进入睡眠……早晨7点,虽然依旧是一身的疲惫,但还是准时从床上一坐而起,开始了新的一天。

8天7夜,李殿明和医护员工组建了一个集重症、感染及呼吸联合的新冠肺炎重症抢救团队;实现病区信息可视化管理;组建了CRRT团队;实现了医护的密切协调与融合;与医院的辅助科室、后勤科室实现了完美对接……团队的战斗力和凝聚力也越来越强。

8天7夜,一位患者经过精心治疗拔出气管插管,改高流量吸氧,成功脱机。首例危重症患者的成功脱机,给大家战胜病魔带来极大的鼓励和信心!

8天7夜,一位确诊的新冠肺炎患者,经过连日的精心治疗,临床症状好转,两次核酸检测阴性的基础上复查胸部CT,显示病灶几乎完全吸收的情况下,报告省卫健委后,审核通过同意出院,成为蚌埠市首例新冠肺炎治愈出院患者。

**当走出病房,小心脱掉防护服,最后摘掉N95口罩,李殿明的脸上已经布满勒痕**

8天7夜,李殿明与医护团队众志成城、并肩作战!就在即将离开隔离病区,进行14天隔离期登记时,大家才猛然想起,2月5日是李殿明50岁的生日呀,一个没有蛋糕、没有家人陪伴和祝福的生日,就这样在没有硝烟的战场上度过了……

为了一名医务人员的责任与担当,也为了一名基层党支部书记的初心和使命,李殿明选择了逆向而行,选择了无怨无悔!老支部书记的这个特殊生日是蚌埠医学院第一附属医院广大共产党员奋战抗疫一线、不计个人安危的最完美写照,必将激励医院广大党员众志成城、迎来胜利!

2月4日立春那一天,院党委书记金世洋给李殿明发了一条微信:"今日立春!万物复苏,春暖花开!"是的,春来了,花开的日子一定不远了……

# "拼命三郎"11天的坚守,"战斗不胜"不回家

吴晓珍　付　艳（安徽医科大学第四附属医院党委宣传部）

在这个特殊的时期,没有一个医护人员因困难而退缩,都是勇于担当,顺利完成各种操作;也没有一个医护人员抱怨,都是积极请战,主动加班加点,并肩作战的力量让人震撼。

"爸爸,你什么时候回家?""爸爸,过年能带我和弟弟出去玩吗?"面对两个孩子的追问,安徽医科大学第四附属医院急诊医学科主任戚金威已经找不出理由来敷衍孩子了。自1月17日医院启动新冠病毒肺炎疫情防控工作以来,他就一直就没有回过家。整整11天的坚守,他用实际行动向病毒宣战:舍小家为大家,"战斗不胜"不回家!

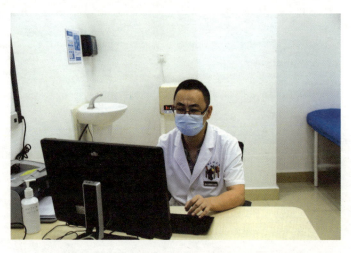

安徽医科大学第四附属医院急诊医学科医生戚金威

## "拼命三郎"11天的坚守

28日上午,去发热门诊、隔离病房查看、询问隔离患者状况,安抚患者情绪,收治患者,查房……他几乎连坐一会儿的时间都没有。在这种高密度的工作状态中,他依然精神抖擞,开玩笑地说:"地球不爆炸,我们不放假;宇宙不重启,我们不休息。"

"拼命三郎",这是同事们送给戚金威的绰号,从17日上午7点40分到岗,戚金威一直坚守。"发热患者很多,有的来自武汉,有的接触过武汉人员,有人发烧,有人没有症状但很担心,就都来发热门诊检查,一线人员工作压力比较大。"

按照规范要求,吃饭喝水后必须更换口罩,如厕后更换防护服。为了珍惜防护服和N95口罩,发热门诊的医护人员几乎不喝水、少吃饭,以避免上厕所,想尽办法节约物资。防护服密不透风,发热门诊的医护人员的面部皮肤因为压迫发青、破损。摘下面罩,脸上就是深深的印子,眼罩里布满了一层水蒸气。

面对新冠病毒,安徽医科大学第四附属医院发热门诊的医护人员纷纷表示:"不害怕,这都是本职工作。"

## 疫情防控,时间就是生命

防控工作启动后,医院的首要任务就是建立发热门诊。戚金威迅速配合相关部门,完成了发热门诊选址。接下来,从就诊流程、线路、诊室布局,到人员配备、物资准备,他无一不参与其中,费尽心力保证每一个环节不出差错。

该院从急诊医学科、呼吸内科、感染科等相关科室紧急抽调医生,组成发热门诊第一批次24小时值守工作人员。恰逢春节假期,人员紧张,戚金威每天主动巡视发热门诊,查看留观患者,全程指导或亲身示范疑似患者的咽拭子采集,并参加了所有隔离观察病例的会诊。

彼时,疫情形势复杂变化,卫生主管部门几乎每天都要组织培训,新冠病毒肺炎诊疗方案第1版、第2版、第3版、第4版几乎是24到48小时一变,要求和内容更新很快。一线医务人员每天要完成繁重的接诊任务,戚金威便自己先认真学习领会,然后在大家工作间隙抓紧时间传达,来不及的就自己先做示范,出问题想办法立即修正。

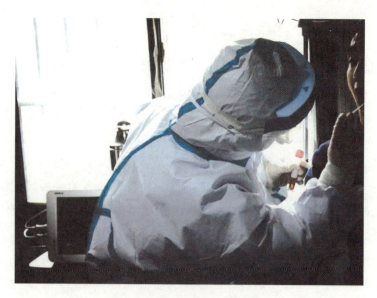

示范采集疑似患者咽拭子

## 夫妻二人携手抗新冠

"这个春节,我们本来都商量好了,我在医院值守,妻子在家陪伴老人孩子。"戚金威说,计划赶不上变化,疫情形势严峻,在安徽医科大学第一附属医院工作的妻子也响应医院号召,大年初一就放弃休假,返岗工作。

"她比我优秀,2003年非典疫情她是第一附属医院'抗击非典先进个人',在疫情防控方面她是我的老师。"戚金威说。

留守在家的两个孩子,只能通过视频跟爸爸妈妈说说话。戚金威的大宝9岁,能讲道理,就天天数着手指头算日子,爸爸还有几天回来。但2岁多的小宝,每天晚上哭闹着要爸爸。

"放心!家里有我们,你们好好工作,保卫群众健康。"家里的老人和兄弟姐妹们纷纷提出照顾两个宝宝,让夫妻二人可以毫无后顾之忧地投入抗疫工作中。

坚守源于热爱,源于责任。战"疫"一线,戚金威和千千万万急诊工作者一样,用无私无畏、无怨无悔书写着不平凡的故事,向他们致敬!向他们身后默默支持的家属致敬!

# 初心护佑珠城健康,医者无惧疫情危险

苏云雪　郑普春（蚌埠市第三人民医院党委办公室）

感动于钱朝霞作为蚌埠市新冠肺炎诊疗专家组组长在抗击疫情中的英勇无畏和无私奉献,向在国家和社会危难时刻挺身而出的社会脊梁致敬!

钱朝霞,蚌埠市第三人民医院呼吸科主任医师,中共党员,在疫情来临之际,临危受命成为蚌埠市新型冠状病毒肺炎诊疗专家组组长,奋战在抗击疫情的第一线,为全市人民的健康和疫情的防控保驾护航。

蚌埠市第三人民医院呼吸科医生钱朝霞

## 5952平方公里的守护

蚌埠市，包括蚌埠市辖4个行政区以及怀远、固镇、五河3个县，共5952平方公里，从新冠肺炎暴发以来，这片土地上341.2万人的健康就成了钱朝霞肩上不可推卸的责任。在疫情防控期间，作为蚌埠市新型冠状病毒肺炎诊疗专家组组长和市防控专家组成员，钱朝霞每天的时间几乎以分钟计算，参加蚌埠市新冠肺炎疫情防控指挥部领导小组的疫情分析和研判工作汇报，研读并总结国家卫健委提出的新冠肺炎诊疗和防控方案，结合本市疫情变化情况，用自己丰富的临床经验和国家诊疗方案，为蚌埠市新冠肺炎疫情防控指挥部提出诊疗建议、防治方案及隔离措施，是钱朝霞每天必做的工作。同时负责全市及本院发热门诊的疑似患者会诊，结合每一位疑似患者的流行病学史、症状及检查化验、影像检查结果进行诊断，参与和协调各县区卫生单位进行新型冠状病毒肺炎患者的流调工作，每日统计汇报蚌埠市确诊和疑似病例数据资料，判断患者的分型和病情严重程度，指导定点医院患者治疗，也是她的分内工作。无数个夜晚，望着手中厚厚的检查单据及网上的电子资料，钱朝霞只想快一点，再快一点，为每个患者争取最及时的治疗，让大家在朝阳升起时，能够重新露出笑颜。

"大年三十之前，我们科室的住院患者中有4个重症患者，当时的工作很繁重，压力也很大。"回忆起今年的春节，钱朝霞说，这是工作以来，自己第一次在年三十没有和家人团聚。在安顿好科室的住院患者后，钱朝霞赶紧投身到疫情的防控救治中，大年初一的夜里11点多，刚刚忙完手里的活，一阵急促的电话铃声响起，某县发现一名新冠肺炎疑似患者，请市级专家组会诊。钱朝霞二话不说，开车赶往该县，一番忙碌之后，回到蚌埠已是凌晨2点。

就这样，怀远、五河、固镇，以及蚌埠市区的各家医院，只要有疑似患者或者遇到疑难问题，钱朝霞总是被大家第一时间想起的人，尽管疲惫不堪，尽管压力与日俱增，但面对新冠肺炎，这个看似瘦弱的女医生没有过一丝犹豫，无论晴空万里，还是风雪凛冽，无论晨光熹微，还是华灯初上，她总是不辞辛劳地坚守在防控疫情的第一线。她相信，千淘万漉虽辛苦，吹尽黄沙始到金。她不遗余力，为5952平方公里上341.2万人做着坚强的守护。

## 党员初心护佑患者健康

随着疫情的蔓延,蚌埠市新冠肺炎疫情防控压力逐渐增大,新增确诊的患者时时牵动着钱朝霞的心。2月16日,蚌埠市第三人民医院按照上级党委部署全面托管市传染病医院新冠肺炎患者医疗工作。钱朝霞也义不容辞地参加了市传染病医院的诊疗救治工作。她亲自对奋战在疫情一线的医务人员进行新冠肺炎诊疗规范岗前培训,在进驻市传染病医院的第一天,钱朝霞和工作组的成员结合当时国家最新版诊疗方案,制定了收住传染病院患者《新冠肺炎的处理流程》和《新冠肺炎分型和严重程度判断标准》,明确了患者轻型、普通型、重型及危重型分级处理制度及转诊标准。同时,钱朝霞与其他专家组成员连夜梳理分析了在院确诊的94名患者病情资料,迅速建立病情预警预测机制,确定患者分级、分类管理办法,筛查出有重症倾向的患者13名,转诊省级重症定点医院及时治疗;同时将患者的体温、氧饱和度、胸部CT、血常规、C-反应蛋白、核酸检测等重点监测指标纳入每日交班内容。

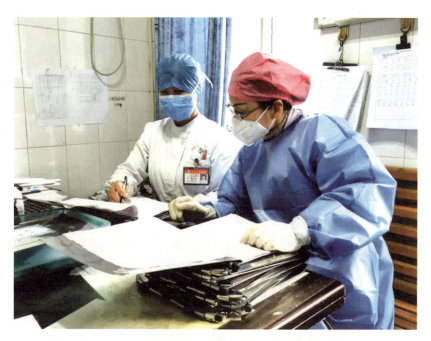

钱朝霞(右)正在核对病历和医嘱

疫情期间，钱朝霞的手机片刻不离身，24小时不关机，以便及时联系，实时处理患者问题。"黄沙百战穿金甲，不破楼兰终不还"，可能是对钱朝霞最贴切的描述。2020年3月3日，在托管市传染病医院工作组所有同仁的共同努力之下，蚌埠市传染病医院新冠肺炎患者全部"清零"。而此时，钱朝霞已经二十多天独自住在医院附近的宿舍里，没有和同在医院工作的丈夫见过面，更是来不及回家看一眼患有阿尔茨海默病的老父亲。

## 使命担当彰显医者无惧

在统筹指导全市疫情防控诊疗工作的同时，钱朝霞更是守好了本院这个大后方。她时刻关注此次疫情，当科室人员驰援武汉、支援蚌埠医学院第一附属医院和参与托管市传染病医院工作组后，科室人员明显不够，于是，钱朝霞带着从其他科室增援的二十几位医生管理着本院3个留观病区和5个发热病区，通过上午各病区查房和下午调阅各病区病历、检验、影像结果，及时了解和熟悉所有留观、发热患者的病情变化，确保每一位留观患者和发热患者第一时间得到明确诊断和及时规范化、精准化治疗。

使命让钱朝霞忘记害怕与担忧，勇往直前。每天，穿着隔离服、戴着护目镜的她查一次房就需要三个多小时，眼镜加上护目镜让她的眼前常常一片模糊，而每次查完房，隔离服下的衣服往往都汗透了，可她从没有一句抱怨。面对患者的不安与恐慌，她总是用最轻柔的声音安抚着，用最专业的技术治疗着，患者的健康是她最大的心愿。

犹记得1月26日晚上6点，一位81的老人因为发热一个星期收住呼吸科，在多次询问流行病学史后，才得知老人的女儿女婿均有发热现象。安排老人按照规范收住应急病房后，尽快为老人做了核酸检测。当天晚上，钱朝霞和科室的工作人员谁也没有回家，他们坐在狭小的办公室内，静静地等待着，那种焦急和不安尽管已过了半年，钱朝霞还是深深记得。核酸检测的结果要到凌晨3点多钟才能出来，握着手机始终在静静等待的钱朝霞一遍遍在心中期盼，不要有坏的消息，不要有坏的消息。凌晨，静谧的房间内，当电话铃声响起的那一刻，尽管有了思想准备，但是当听到患者检测结果呈阳性时，钱朝霞还是愣了一下。来不及恐慌，来不及思考，钱朝霞赶快挂掉电话，开始联系后续工作，直至患者转诊蚌埠医学院第一附属医院，她才安心地坐下来休息一下。

如今,疫情防控进入常态化,在科室恢复正常诊疗工作的同时,呼吸科全面接管了本院发热门诊的所有工作,钱朝霞带领她的科室人员始终在防疫的路上坚守着,为全院、全市人民的健康和疫情的管控保驾护航,做着最坚强的守护者。

# 奔跑在疫情防控一线的"铁娘子"

李桂梅（安徽医科大学附属宿州医院（宿州市立医院）宣传科）

2020年春节前夕，一场突如其来的疫情，给这个喜庆的节日蒙上了一层阴霾，一场没有硝烟的战役打响了，举国上下，每个人都在进行着一场属于自己的战"疫"。备战疫情的医护人员选择了逆行，选择了留下，选择了战斗。

> 身穿洁白的护士服
> 戴上美丽的燕尾帽
> 筑起一个美丽的梦想
> 用双手托起患者的希望
> 在疫情防控的关键时刻
> 他们挺身而出，他们冲锋在前
> 奔跑在抗疫一线
> 使命
> 指引前进的方向
> 一身白衣写下最动人的篇章

2020年春节，注定是一个令全国人民难忘的新年。在新冠病毒的肆虐下，作为安徽省首批新冠肺炎救治定点医院，宿州市立医院把握"全院一盘棋"防控大局，精心组织、缜密安排，合理调配、精准施策，有条不紊地推进各项抗疫工作的开展。医护人员当仁不让地冲在了抗疫第一线，其中有位女同志奔跑在我院三个救治点之间，始终坚守在疫情防控第一线。

"陈主任，你每天三个救治点来回巡查调度，不害怕吗？"她用沙哑的声音说:"我是一名共产党员,面对这次疫情,我时刻都被身边的人和事感动着,因为心里有爱,所以我不觉得害怕……"

陈芹(左)和隔离病区护士长交流梳理每个岗位工作流程及防护措施

陈芹,共产党员,副主任护师,现任宿州市立医院护理部主任。从事护理工作三十载,她从一名普通的护士成长为现在的护理管理者,一路走来,也曾有过脆弱与退缩,可肩上的责任感和对职业的爱,磨炼出坚强、永不放弃的品质。她把自己的时间都奉献给了最热爱的护理事业,以患者满意为目标,唱响优质护理服务主旋律。在专业技术上,她游刃有余;在护理管理中,她竭尽全力;在困难面前,她冲锋在前,同事们给她起了别号,叫"铁娘子"。

## 这样挺好,操心累点踏实

疫魔肆虐,疫情告急。宿州市立医院作为安徽省首批新冠肺炎救治定点医院,设立三个救治点全力阻击疫情。护理部主任陈芹作为应急领导小组护理救治组总负责人,负责二院、三院两个救治点新建病区区域布局、流程设置、病房设置筹建等工作。为了让救治点能够及时有效投入使用,她加班加点,积极协调医院各部门,来回奔波在三个救治点之间,几乎将所有精力都投在上面。病房如何设置、人员如何分工、职责如何定位、物资如何调配、流程如何规范,几乎不放过任何一个细节,甚至是一个垃圾桶摆放什么位置更方便患者都要亲力亲为指导。别人劝她没必要这么精细,这样下去太累了。她开玩笑地说:"累就累吧,谁叫我是个操心的命。"她整了整防护服,"也没什么好累的,主要还是精力方面有时跟不上,但我觉得我细致一点,准备会更完善一点,要是因为我没尽到责任影响了防控、护理,心哪能安?这样挺好,操心累点踏实。"

在她的细心筹备下,救治点及时投入使用,医护、患者无一例交叉感染,护理工作高效顺利。每名患者治愈出院,她都会亲自送出大门,仔细叮嘱,交代注意事项,毕竟,患者安全的离开,才是她最高兴的时候!

## 她是我们的主心骨

把事情准备在前,把准备做充分,是陈芹的一贯风格。1月中旬,疫情还没侵入宿州的时候,她就带领护理团队走进发热门诊及感染病房实地察看,第一时间建立感染病房"三区两通道",要求医护人员严格执行标准防护,杜绝交叉、逆流,最大可能做好物理防护,避免院内感染。同时,作为护理团队的领头羊,她连夜率先组织各级护理人员分批、分阶段进行防控救治相关知识及防护要点全员培训,保证护理人员人人处于战备状态,随时拉得出、冲得上、打得赢。

疫情防控阻击战打响,全国各地医护人员纷纷驰援湖北武汉。陈芹带头填写请战书,并在护理团队发出倡议。大家踊跃响应,236名护理志愿者递上请战书,4名护理人员获批出征武汉,68人逆行奔赴发热门诊、预检分诊、留观病房、隔离病房以及二院、三院感染性病房救治点……当一张张请战书和鲜红的手印摆在面前,陈芹忍不住哭了,"我是党员,我带头是应该的,她们很多都不是,平时一群柔弱的小丫头,怎么这么勇敢!"护士小陈刚进入医院半年,她可不这么看,"无论是专业还是做人,陈主任都是我们的主心骨,她总能想在前,冲在前,跟着她,和她一起共事,我们都很安心。"

陈芹（右）对每一个进隔离病区的护理人员，都给予指导与鼓励

## 牢记使命勇担当

"没有大家，哪有小家。"当我问及她的家人时，刚强的"铁娘子"哽咽着流下了泪。作为一名公立三甲医院的护理管理者，她深知自己责任重大，使命光荣。职业的特殊性使她无暇顾及家庭，连续奋战近一个月未进过家门。对此，她心怀愧疚，却又无比坚定自己的选择。"'守得云开见月明'，也许就是我人生这一阶段的最好总结。"说完她继续投入奋战中。

自古忠孝难两全。陈芹家中有年迈的父母，女儿常年在外地工作，爱人患有多年的肾脏疾病，直到后来接受了肾移植。沉重的家庭负担和繁重的护理工作在她的脸上丝毫没有体现，她总是默默将苦楚咽下，振作起百倍的精神，用超出常人的毅力扛起责任的重担，用自己的行动诠释了一名共产党员"守初心，担使命"的白衣天使情怀！

## 春回大地是心愿

所谓白衣天使，只不过是咬紧牙关，坚定必胜信念，无畏前行在抗击病毒第一线，全身密闭在防护装备下像战士一般，连呼吸的时间都分秒必争。他们穿梭在隔离病区内面对患者，他们有过辛酸，有过无奈，但一听到患者的呼喊,一见到患者的痛苦,他们立刻变得坚强而乐观,以"爱心、耐心、细心、责任心"对待每一位患者,承载着患者的喜与悲,灿烂的笑容驱散着患者心中的阴霾。他们的执着、坚守、奉献都只有一个目标,那就是与新冠肺炎斗智斗勇,无声的拼搏责重如山,春回大地是他们的心愿……

"世上有朵美丽的花,那是青春吐芳华,铮铮硬骨绽花开,顶天立定映彩霞。"每一位护理人员就是那一朵美丽英雄的花。我们可能"渺小",但不卑微,我们无论在什么时候都淋漓尽致地体现了作为护理工作者的"责任、担当、使命",每一位护理人员就是那一朵美丽英雄的花,在厚厚的防护服下散发光华!我们坚信有严谨规范的护理、安全严密的防护、科学合理的隔离观察,就一定能打赢这场战"疫"!待春暖花开日,陪着丈夫、女儿、父母,和大家一起享受岁月静好!

# 守土尽责，众志成城克时艰

陈　杨（蚌埠医学院第二附属医院宣传部）

人是一棵会思想的苇草。在浩瀚的宇宙之中，渺小的人类不过是瞬间就会消逝的微尘。然而，人类之所以能在漫长的历史中生存下来，不断发展，直至今天拥有了曾经难以想象的上天入地的能力，是因为人类有着精神的支柱，有着源于信仰的力量。

"抽调精兵强将援助蚌埠医学院第一附属医院。""选派业务骨干增援第五人民医院。""组织党员先锋队，让党旗在疫情防控一线高高飘扬。"疫情暴发以来，在新冠肺炎疫情防控这个没有硝烟的战场，蚌埠医学院第二附属医院医护员工迅速行动，广大党员干部纷纷挺身而出，以舍我其谁的勇气汇聚在党旗下，请战书、入党申请书如雪花般飞来，誓言在党的领导下，去最艰苦、最危险的地方接受考验。

## 危难时刻方显党员本色

"一切听从召唤，坚定信心，不辱使命，用实际行动践行誓言，为维护人民群众健康，冲锋在前，无私奉献……"全面抗击新冠肺炎疫情战斗打响以来，一句句"我报名"成为冬日里最温暖的语言，也成为广大党员最铿锵的誓言。

蚌埠医学院第二附属医院第十二党支部的35名党员分别来自急诊科、消化科、收费处、住院处等部门。新冠肺炎疫情发生后，该党支部严密部署、周密安排，迅速成立发热预检分诊小组，筑起了院内防控的第一道阻击线，在他们中有十余年党龄的科主任，有加入党组织仅半年的青年员工，他们身先士卒,哪里坚苦就出现在哪里,哪里有疑似患者冲在前面的就是共产党员。

坚守在预检岗位的机关干部

"您好,请先量一下体温。""请问您近期有没有去过武汉?现在有没有哪里不舒服……"这是发热门诊护士、共产党员尹宗瑶每天说的最多的话。厚重的防护服、护目镜、防护口罩,是她每天专用的防疫盔甲。没有人知道,此刻,她那刚满8个月的孩子因患小儿急性肺炎还在住院治疗。自1月24日,她主动请缨走进发热门诊,每天工作完毕,回到隔离休息区,打开手机与近在咫尺却不能相见的爱人视频电话,听到孩子病情逐渐好转或是最让她开心的时刻了。

疫情仍在蔓延,防控再度提升。作为前沿阵地,预检分诊台从门诊大厅前置至医院大门。只是在一夜间,在医院大门前,在患者进入的每个通道口,一面面鲜红的党旗迎着冬日凛冽的寒风猎猎飘扬,聚焦在旗帜下的志愿者中,既有临床科室负责人,也有普通医护人员;既有机关行管人员,也有后勤部门员工,他们以保障人民生命安全为首任,严格遵守相关制度流程,测量体温、询问流行病史,详细做好记录,每天重复几百遍甚至上千遍的固化流程,令人口干舌燥,精疲力尽,甚至声音嘶哑……但他们没有谁抱怨过,有的只是越来越多的白衣战士自愿牺牲休息时间,选择在寒冬里值守。

## 危难时刻彰显责任担当

"我是党员又是科室骨干,有责任也应该有担当到抗击疫情的一线去!"这是蚌埠医学院第二附属医院影像科主治医师吴磊请战驻防蚌埠市新冠肺炎定点收治单位——第五人民医院时的铿锵誓言。

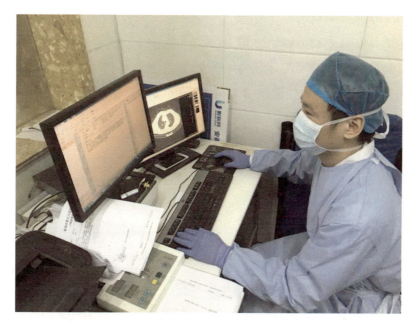

援助蚌埠市定点收治医院的影像科主治医生吴磊

而得知吴磊的决定,同为医务人员的妻子心中虽有担心、不忍,但这个原先从未操持过家务的女性仍一脸坚定地表示:"放心去战斗吧!家里有我,只愿你成为孩子心中的英雄模样。"那一刻,作为一个男人,吴磊先掉下了不争气的泪水。

从进入影像机房,就没有离开过。吴磊说,当时正值疫情高峰期,每天CT机都在满负荷运转,为不让新冠肺炎患者在自己手中延误治疗,他干脆吃住都坚守在设备操作间。十多个昼夜,他谨守初心,用快速、精准的影像诊断为临床一线医生提供了诊疗保障。

在抗疫最艰苦的那段日子,妻子和女儿给了他莫大的宽慰和力量,吴磊介绍,"进入定点收治医院,每天只能在间休时通过微信视频给家人报个平安,6岁的女儿想爸爸了,当知道爸爸在救许多患者时,她特地拼了一个天安门建筑模型送进隔离区,每当看到女儿亲手拼出的第一个作品,我都会充满激情。"

穿上这件白大衣,就没有理由后退。这是感染性疾病科医生、共产党员毛志方的座右铭。2月19日,他受命出征时刚结束本院发热门诊的医学隔离。来不及与久别的妻儿相聚,来不及看望一眼年迈的父母,他毅然和战友们火速增援蚌埠市第五人民医院。

作为一名传染病专业的医生,毛志方深知新型冠状病毒的可怕性,更明白抗疫一线迫切需要专业的医生。他说,从穿上这件白大衣,纵然前方有太多的未知,但当患者的生命健康遭受侵袭时,我们没有理由后退,必须义无反顾挺身向前。

"要去定点收治医院,不能陪你和孩子了,原谅我的自私。"进入隔离区前,毛志方满怀内疚地对妻子说。电话那端的爱人沉默了许久,只是叮嘱着"注意安全!"就挂断了电话。他坦言,对妻子和孩子实在愧疚啊!好在同为医生,妻子给了自己更多的理解和支持,她比任何人都更了解作为医务工作者,随时都在同时间赛跑、与病魔较量,所以才有团不了的圆、回不去的家!

他说,自己当不了英雄。每当在电话中听到儿子说"爸爸,我想你了,你一定要平安回来,我把最爱吃的零食都留给你",他都会潸然泪下……

## 危难时刻党员树立标杆

"在这场没有硝烟的战斗中,身边的共产党员深深打动了我,使我更加坚定加入中国共产党的决心。"蚌埠医学院第二附属医院呼吸内科主任医师夏申宏是一名中国民主同盟盟员,当她接到阻击新冠肺炎疫情的指令后,立即把年幼的孩子送回老家交给父母照料。而她作为疫情防控诊疗专家组成员,从此把身心全部交给了患者。组织专家会诊,共同探讨病情,制订诊疗方案,每天平均休息不到5个小时,可她始终坚守在救治新冠肺炎患者的一线。夏申宏说:"在抗击疫情战斗中,身旁一个个共产党员身先士卒、不惧艰辛、勇于奉献的精神深深触动了我,他们那一声声'我是党员,我先上!'的豪迈让我感受到了危难时刻共产党人的使命担当,也更坚定了我加入中国共产党的信念。"

医学博士郑德禄是名80后,新冠肺炎疫情发生后,他第一时间主动请缨,赶赴发热门诊担负起"守门人"的责任,吃住在一线,坚守在前沿,口罩、护目镜留下的深深印痕,寒夜中湿透的衬衣已成为他的"招牌"。在深夜的值班室内,他坚定地写下入党申请书:"是党把我从懵懂的青年培养成为一名合格医生,在疫情发生时,我耳闻目睹着许许多多医护共产党员冲在最前列,为守护人民的健康,尽职尽责,没有坚定的信仰又怎么会有如此的使命感。从他们身上我进一步理解了为什么只有'共产党员才能救中国',也让我加入中国共产党的愿望更加迫切,我希望能以党员的身份更好地投身到党的伟大事业中,坚决打赢这场疫情防控阻击战!"

医学博士郑德禄坚守在防疫最前沿

"面临重大疫情,面对病毒的蔓延,作为医护人员我只能选择和战友们并肩作战,恳请亲人们原谅,原定于正月初六的婚礼延期举办。"儿科顾盼盼,妇产科张梦蝶都是90后,本来她们都订好了今年1月31日(大年初六)完婚,请帖也早早发给了亲友。但自从新冠肺炎疫情发生以来,她们始终都奋斗在各自的工作岗位,并与男友约定:抗疫胜利日,就是他们的婚期!

"若有战,召必回,战必胜。"这是蚌埠医学院第二附属医院在防控疫情攻坚战中最真实的写照,在中华民族面临危难的关键时刻,疫情就是命令,防控就是责任,党旗始终在这个没有硝烟的战场上高高飘扬,在她的召唤下,一群白衣战士携手向前,队伍中有年过八旬的老专家,也有正值青春年华的90后。他们排查疫情、岗点值班,没有人退缩、胆怯,逆向而行,他们用实际行动诠释着"敬佑生命、救死扶伤、甘于奉献、大爱无疆"的职业精神,用生命为千百万人民群众的安康构筑起了一道道阻击新型冠状病毒感染的坚实防线。

# "逆行者"身后那一双双温暖的手

胡　海（安徽理工大学第一附属医院（淮南市第一人民医院）医联体办公室）

疫情就是命令，防控就是责任。爱是担当之责，亦是奉献之歌。坚守抗疫的天使，他们是新时代最美丽的人！

庚子新年，新型冠状病毒肺炎疫情如疾风骤雨般突然袭来。在这场疫情防控狙击战中，医务人员面临着工作任务重、感染风险高、工作和休息条件有限、心理压力大等困难。安徽理工大学第一附属医院（淮南市第一人民医院）是淮南市新冠肺炎唯一定点收治医院（市传染病医院病区）和发热门诊就诊人数最多的定点医疗机构。在院党委领导下，我院疫情防控期间开展全方位、立体式的工作方式，落实落细常态化疫情防控各项措施，自2020年1月下旬以来，全院医护人员纷纷请战并坚守在疫情防控的第一线，凭着忠诚、担当、奉献和大无畏精神，为全市人民筑起一道坚不可摧、牢不可破的生命屏障；切实做好了疫情防控常态化的思想准备和行动准备，实现院内无交叉感染、加快我市新冠肺炎确诊患者治愈清零。

## 关怀备至——坚强有力的一双手

1月22日，我院在门诊大厅设立发热分诊台，由各科室专家组成诊疗团队轮流坐诊，并建立发热病人留观区。1月24日起，自我院（市传染病医院病区）收治淮南市第一例新型冠状病毒肺炎患者以来，我院共有三批医护人员陆续进入隔离病区。2月9日，在承担全市唯一定点医院救治确诊患者重任的同时，我院紧急组建首批10人的驰援湖北医疗队，向着疫区一线"逆行"。2月22日，我院派出1名医学影像学专业技师组成安徽省首批医学影像医疗队驰援武汉。3月18日、22日,我院又先后派出2名专家分赴北京、上海参与入境防控工作。

安徽理工大学第一附属医院(淮南市第一人民医院)
首批援鄂医疗队出征

身处抗疫一线英勇奋战的"逆行者",面对病魔,是白衣执甲的战士;面对生活,是子女、是父母、是爱人,同样有需要他们支撑的家庭。为了让一线的他们安心工作,解除他们的后顾之忧,院党委责成专人定期联系他们的家人,了解并帮助他们解决实际困难,每周为每户家庭送去新鲜蔬菜及消毒防护物品,派专人分批次前往他们家中慰问,并为家属们带去全院的关心和问候。首批援鄂医疗队在致医院的《一封家书》中表示,家人遇到任何问题,医院总是第一时间帮助解决,院党委的一系列举措帮助他们切实解除了后顾之忧。有了这么坚强有力的后盾,他们觉得在前方战场并不孤单。

## 无微不至——温暖如春的一双手

淮南市委市政府和市新冠肺炎疫情防控指挥部同样高度重视如何使医务人员保持充足的体力和精力,做好医务人员休养保障工作。对于在定点收治院区奋战的"逆行者",按照一人一房,一张床、一台空调、一台电视、一支体温计、一瓶消毒液等标准,建立标准休养隔离房间,给换岗休养的医护人员一个温馨的"家"。这些隔离房间的设置和投用,既是落实隔离防护措施、阻断传播的现实需要,更是为医护人员休整休养、整装再出发提供了有力支撑。

院隔离病区第一小组结束集中观察休养

对于在本院发热门诊、发热病人隔离留观病区等相关科室持续奋战在疫情前线的"逆行者",为保障和落实他们做到劳逸结合,始终保持充沛的精力和旺盛的战斗力,专注于一线诊治工作,同时考虑到交通及社区管制问题,市新冠肺炎疫情防控指挥部同意征用医院附近一家宾馆作为我院疫情期间院内"逆行者"休息场所。舒适、方便的休息场所,解决了交通和社区管制带来的不便;充足、优质的睡眠休息让医务人员保持饱满的战斗力,有利于其更快回到正常诊疗工作中来。

## 大爱无疆——众志成城的一双手

疫情呈持续蔓延期间,我院接受国内外大量医疗物资捐赠,淮南市一家连锁美发沙龙了解到我院一线医务工作者为了符合院感标准有理发需求时,主动与我院联系并表示希望通过志愿服务队的形式为我院职工免费理发。在院党委的关注下,仅用不到一天的时间,就将我院老门诊收费室按照院感标准改造成临时"理发室"。"开张后"的理发室共有5位理发师志愿者为我院306名职工完成理发服务,有力支援我院疫情防控工作。

"天连五岭银锄落,地动三河铁臂摇。借问瘟君欲何往,纸船明烛照天烧。"院党委始终保持对人民群众健康高度负责的政治态度,践行高效的执行力、组织力、战斗力面对疫情,前有英勇奔赴疫情一线的"逆行者",后有默默坚守后方的"坚守人",全院一盘棋,上下一条心,为这场守护淮南人民生命健康的攻坚战取得阶段性胜利作出了重要贡献。

# 合肥"小汤山"群英战"疫"记

朱沛炎（合肥市第二人民医院宣传处）

白衣执甲，向险而行，他们是冲锋一线的战士，是守护生命的天使，致敬每一个二院战"疫"人。

10天，筹建留观病区。

20天，1300平方米，55间隔离病房。一个新的"战时医院"投入使用。

38天，累计收治发热患者324人，确诊病例23人，68名医务人员无一感染。

3月12日，合肥市第二人民医院"小汤山"留观病区送走了最后一批留观患者。3月16日，"服役"了近40天的合肥"小汤山"正式宣告进入休整期，至此完成了它"应收尽收，医护无一感染"的前期"战疫"使命。

1月下旬，正是新型冠状病毒迅速向全国蔓延之际，短短几天，安徽省已新增数十例确诊患者，疫情扩散形势严峻。从1月22日报告首例确诊到1月25日，合肥已累计报告10例新冠肺炎确诊患者。作为合肥市新冠肺炎定点救治医院，也是瑶海区唯一一家定点救治机构，合肥市第二人民医院身负重任。

"这是一场肩并肩、背靠背的战'疫'，我们必须要做好打硬仗的准备。"25日当天，医院紧急召开专题会议，决定筹建二院"小汤山"留观病区。选址位于广德路院区西大门以北，临时征用医院养老院施工项目指挥部。

风雪夜,合肥市第二人民医院版"小汤山"灯火通明,医护人员坚守在这里,守护着身后的万家灯火

## 集装箱星夜驰援,10天搭起一座战时"医院"

1月26日,合肥市第二人民医院"小汤山"相关设计方案完成、设计图纸交付,立即投入改建。医院根据"战备"需要,集中力量,整合资源。后勤部门和物流中心连续奋战将原来的办公区清空,按照院感流程和标准,增设隔断,合理分区,完善设施,为疫情防控顺利推进提供有力保障。2月4日,一期工程顺利完成,共配置隔离病床25张。从图纸交付到投入使用总共10天。

疫情发生后,前来医院发热门诊就诊的人数激增。"'小汤山'留观病区是医疗救治的主战场之一,一定要做到应收尽收,宁愿床等人,不能让人等床。并且确保医护零感染。"医院根据收治形势研判,做出了增区的决定。

2月13日晚,大吊车拉来了集装箱,在一期两侧一字排开,二期留观病房拼装成型。1300平方米,55间独立病房,一个能充分满足"战备需要"的"战时医院"就这样建设完成。

疫情发生以来,国家、省、市、区领导及专家多次赴合肥市第二人民医院调研、指导、督查疫情防控工作,实地察看"小汤山"隔离留观病房,一致认为:"医院政治站位高、工作机制健全、制度完善、措施得力;'小汤山'的建设具有战略性的眼光,既做好最长远的打算,又做好最充分的准备。"

## 关键时刻冲得上去,68人攥成拳头力量

"我有经验,让我去!""我还年轻,我请战!"接到医务处的"小汤山"召集令,市二院的医护人员踊跃报名,冲得上去,豁得出来,迅速攥成拳头力量,向疫情发起冲锋。

蔡文君是合肥市第二人民医院急诊科护士长,"小汤山"建成后,她第一时间带领科室人员写下请战书。之后,包括蔡文君在内的30名医护人员成为了"小汤山"留观病区第一批医护人员。在做好护理工作的同时,还注意缓解留观患者的焦虑情绪,带领护理人员开展"勤走动、勤沟通、多倾听"的工作法,在最短时间内拉近了与患者之间的距离。

**医护人员正在为留观患者办理出院手续,这是医护人员最开心的事**

疫情期间,医院共有315名医护人员参与抗击新冠肺炎的斗争,其中留观病区68人,隔离病区87人。这群人中,有很多是医院的重量级的科主任和技术骨干。疫情发生后,他们站到了最前线,如同一颗颗定盘星,共同守护着患者的生命安全。介入血管疼痛科主任殷世武就是其中的一位。

2月22日,一女子因发热一天至医院发热门诊就诊,新冠肺炎咽拭子采

样后,被收住"小汤山"留观病区。入住没多久,李女士下腹部突然阵发性腹痛,因自诉怀孕40天,介入血管疼痛科主任殷世武凭借经验立即判断,可能为宫外孕破裂。随即启动新冠期间急诊应急措施,立即准备手术。经过紧急救治后,患者转危为安。"当时患者血压下降特别快,接近休克,如果慢了一步,后果可能都不堪设想。好在,我们有着高水准的团队和一系列流程操作预案。"殷世武说。

## 亲临"险"境38天,誓言不胜不归

疫情形势不断发生变化,对医院打赢疫情"歼灭战"是个不小的挑战。医院发热门诊最高达到320人次/天,"小汤山"留观病区一天共分4个班次,每一班次共有5位医护人员,每人工作时长6到8小时。医生平均每天核酸检测数量近10次,每一次采样都如同"亲临险境"。

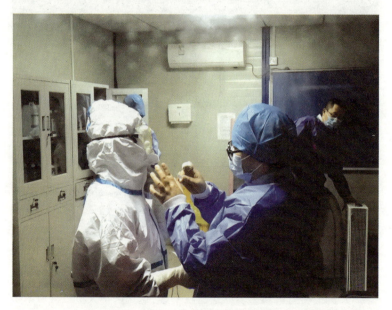

由于留观患者症的不确定性,这里防护十分严格

李贺是合肥市第二人民医院广德路院区发热门诊的负责人,此次进驻"小汤山",他曾一天为25个患者进行了采样。由于这项工作需要直接面对患者口腔,用一根无菌棉签深入到咽喉,停留几秒,左右擦拭。稍有不慎就可能沾染上"狡猾"的病毒。每次取样,李贺都要穿着厚厚的防护服,戴着

N95口罩、护目镜和橡胶手套,可这难免造成行动不便、视线受阻,使采样这个精细活变得更加困难。为了准确取得标本,他需要与患者近一点、再近一点。

抗击疫情阻击战中,还有不少90后的医护人员,第一次上前线,就接受着体力、耐力的多重考验,但他们没有一个畏惧退缩。"我最开心的就是看到留观患者两次核酸检测都呈阴性可以平安出院!"90后护理小战士王俊侠笑着对我们说道,"在'小汤山',我留下了青春最美的奋斗印记,这是我一生的财富。"

# 药学部智慧中药房战"疫"日记

刘 勇（安徽中医药大学第一附属医院智慧中药房）

这是一场抗击疫情的战斗，我们全体医务人员团结一心、并肩作战，有在武汉一线的安徽省中医院的护理战士们，有在全省定点收治医院为患者治疗出谋划策的中医专家们，而药学人员同样默默坚守，贡献着自己的力量，做患者和前方医护人员最坚固的后方保障。

2020年，注定是一个不平凡的年份，新型冠状病毒来势汹涌，一场突发的疫情席卷全球。面对危机，中华文明的伟大韧性再次彰显，"众志成城，战胜疫魔"成为全体中华儿女最迫切的心声，而药学工作者成为这场战"疫"里不可或缺的一支力量。

如何打赢这场疫情阻击战，考验着智慧中药房的每一位中药人。在武汉疫情初期，科室时刻关注着疫情进展，提前安排中药库房做好抗病毒中药等疫情防控相关中药的盘点和储备，为迎击疫情备足了"枪支弹药"。从除夕开始，疫情便呈现逐渐向全国扩散的态势，我省及时发布了中药预防方剂，供群众预防之用。100付、200付的处方纷至沓来，全体职工坚持在药房调配一线，一直忙到最后一个患者拿到药，加班2个小时成了"家常便饭"。大年初一下午5点30分，刚刚结束一天忙碌，智慧中药房又接到上级通知，次日8点前调配好2000付供防疫一线人员使用的中药预防方颗粒剂。时间紧、任务重，两名调配机操作员连夜加班赶制，下料、封口、质检每个环节都丝毫不敢懈怠，终于在晚上9点保质保量完成了此次调配任务。自疫情发生以来，智慧中药房累计调配中药预防方配方颗粒17批次，共计15672剂。

疫情在春节假期时进入胶着阶段，为响应安徽省卫健委发布的动员令,智慧中药房全员取消休假积极返岗。没有一个人向组织提出任何要求,"若有战,召必回",这是智慧中药房人的共同心声,迎难而上是智慧中药房人的优良传统,在保障门诊及住院处方调配工作的同时,克服人员不足,完成新冠肺炎饮片预防方8270付,抗病毒代茶饮5340付,充分满足了广大群众的中药防护需求。

"在新冠肺炎治疗中充分发挥中医药的作用"是党中央、国务院对疫情防控工作提出的要求,也是在疫情攻坚中"提两率,降两率"的一项战略部署。2月13日早上,药学部转发并落实省卫健委《关于进一步落实新冠肺炎中西医结合救治工作的紧急通知》,智慧中药房主动对接,承担为合肥地区定点收治医院确诊患者提供中药饮片的调剂和煎煮服务,保证随时需要、随时调配、随时煎煮、随时送达,这对智慧中药房来说是前所未有的挑战和至高无上的荣誉使命。

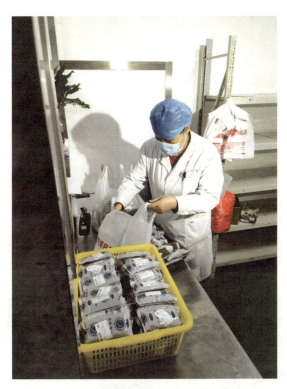

包装汤剂配送定点医院

当天下午4点,新冠肺炎定点医院安徽省第二人民医院中医专家指导组完成会诊后,将中药处方拍照发送到中药房,共有"清肺排毒汤1号"57剂和"清肺排毒汤2号"18剂,经核对、打印处方无误,即安排调配、核对、浸泡、煎煮和汤剂包装,全流程一气呵成,在交予配送人员后才安下心来。14日早上首批75付清肺排毒汤准时送达安徽省第二人民医院,患者第一时间服用了中药汤剂。截至省内病例清零,智慧中药房为定点医院提供21批次,共计601剂的中药煎配服务,圆满完成任务,为我省病例的有效治疗贡献了一份中药人的力量。

作为国家级"青年文明号",疫情是对智慧中药房的一次"大考"。"发挥'青年文明号'在急难险重中的先锋模范作用,从我们做起",这是智慧中药房青年团队的共识。2月12日,智慧中药房青年职工们利用休息日早早来到药房,将前日准备好的300瓶复方黄芪解毒合剂分包、装袋后,便马不停蹄地来到五里墩街道、家家景园社区、三里庵交警执勤岗亭,以及医院内发热预检、食堂、保洁等抗击病毒一线的相关保障部门,为防控值守人员送去抗击新冠肺炎医院制剂。他们还多次联系问候医院援鄂人员家属,帮助解决实际困难,解除前方人员的后顾之忧。

"疫情就是命令",在习近平总书记做出重要指示、批示后,智慧中药房在药学第二党支部的坚强领导下,充分发挥党组织的战斗堡垒作用,各岗位"守土有责",防控工作紧张而有序。智慧中药房在党支部带领下,充分发挥支部专业技术特长,开展形式多样的党员活动日。5月下旬,智慧中药房广大党员积极参加支部组织的端午节香囊制作和免费发放活动,希冀为广大医患带来一份传统中药的保护,更鼓舞大家战胜疫情的信心。广大党员自发踊跃捐款购买香囊袋和药材,利用下班休息时间亲手制作中药香囊。从打粉、装填、包装,到最后将香囊送到医患手中,每一步都凝聚着满满的爱心。同志们表示,身为一名共产党员,自豪感油然而生;身为药学工作者,进一步加深了对所学专业的认识和热爱。

**党员捐款制作防疫香囊**

疫情防控是场硬仗，面对人员多、窗口多等特点，智慧中药房始终做好各类人员防护和重点岗位的风险管控，认真组织科室人员、公司人员和住培学员学习新冠肺炎相关知识，实地排查防疫薄弱点，坚持每日测量体温、人员统计的日报告制度和外出史的排查工作，合理排班，劳逸结合，一手抓消毒安全和自身防护，一手抓医院中药处方的调配和煎送工作，既筑牢了后防线，又保障了疫情期间各项工作顺利开展。

中医药在疫情防控和救治中的良好效果以及智慧中药房扎实、高效的工作受到各级部门的好评和社会媒体的广泛关注，智慧中药房也成了"明星部门"，先后接受央视频、香港卫视、人民网、新华网、安徽日报、新安晚报等中央和省内多家媒体的采访报道，发布新闻通讯稿十余篇，扩大了中医药防治新冠肺炎的影响力。

修合无人见，存心有天知。中药人，每一天以信仰和敬畏之心专心为每位患者提供安全有效的中药饮片。我们恪守"品味虽贵必不敢减物力，炮制虽繁必不敢省人工"的职业操守，在这个非常时期，慎修仁德，亲和敬业，为打赢这场疫情阻击战奉献中药人的一份力量！

# "三步、七方、治未病",广泛采用中西医结合防控疫情

杨勇飞(蚌埠市中医医院)

以人民健康为中心,用精湛的技术和优质的服务,秉持"仁德、仁心、仁术"的医院院训,努力打造一所中医特色突出、综合功能齐备、临床疗效显著、令患者满意的三级甲等中医医院,弘扬优秀的中医药文化,积极促进中医药事业的传承创新发展,切实把中医药这一祖先留给我们的宝贵财富继承好、发展好、利用好。

新冠肺炎疫情发生以来,安徽省蚌埠市中医医院充分发挥中医药防病治病的特色优势,第一时间成立新冠肺炎防控领导小组,并成立疫情防控专家、院感、防保等12个专业组,制订防控工作方案,建立"三步、七方、治未病"中西医协同防控模式,推动从预防干预到临床治疗全程运用中医药,为加强患者救治、有效开展疫情防控、加速复工复产提供了重要支持。

## 全方位中医指导 "三步法"抓救治

严格按照国家新冠肺炎的中医治疗方案要求,结合蚌埠市疫情发展变化及地理位置等实际,发挥中医药优势,指导和参与新冠肺炎患者救治。在救治策略上,专家组采取"教""诊""案"三步法。

"教",即对全市8家发热门诊和2家定点收治医院中医科室,通过多途径、多形式、多平台开展新冠肺炎中医诊疗专项培训,提高定点医院新冠肺炎中医诊疗水平,确保在治疗过程中全面发挥中西医结合优势。同时对定点医院、发热门诊的院感防控等工作开展专门指导,推广使用中药方剂、预防

茶饮、中药香囊等方式提高医护人员抵抗力,降低感染风险。针对防控工作中的恐惧、压力等精神因素,开展精神卫生诊疗门诊,采用微信"解忧杂货铺"等方式,减少医护人员的精神压力。

蚌埠市中医医院发热门诊

"案",即中医药防控专家组仔细分析病因、病机、病邪特点,参照国家诊疗方案,以调动病患机体自身的抗病能力,改善临床症状、减少并发症等为重点,全面参与患者救治方案的制订,并对全市发热门诊诊疗方案进行中医指导,为各定点医院和发热门诊开展中西医结合治疗提供依据。

"诊",即中医药治疗组全程参与定点医院收治的新冠肺炎确诊和疑似患者查房、会诊和病例讨论等救治工作,并根据患者用药反馈、病情变化及时调整处方,对中医药救治的疗效进行评估、报告。对重症、危重症患者,专家组会同国家和省治疗专家及定点医院共同会诊,"一人一案"开展辨证施治,发挥中西医结合治疗优势。

## 全过程中医参与 "七方剂"稳防控

中医药专家组仔细分析研讨各类方剂对增强特定人群抵抗力和免疫力的效果,全面发挥中医药"未病先防,既病防变,愈后防复"的思路,在国家卫生健康委、国家中医药管理局联合推荐的清肺排毒汤的基础上,蚌埠市中医医院研究制订了扶正御邪方、加减葳蕤汤、健脾固本汤、护肺和营方、预防茶饮、居家悬挂香囊及随身佩戴香囊等7付方剂。在患者救治过程中，中医药全程参与治疗，对于轻型、普通型和重型患者，在治疗中首选清肺排毒汤；对于重型和危重型患者，结合临床实际，采取"一人一方案"辨证施治，必要时协调省级专家组进行会诊和救治技术指导；对于恢复期患者，注重发挥中医药优势，根据诊疗方案给予中医药干预。

蚌埠市中医医院专家团队对疑似病例进行会诊

在重点人群预防方面，强化调节生理机能，减少感染概率，做到早干预、早治疗。对于各类密切接触者、发热门诊患者及居家隔离人员等重点人群，综合搭配使用方剂组合，确保方剂使用全覆盖。按照专业配置、统一发放、不漏一人的原则，由市中医医院按省卫生健康委、省中医药管理局要求，统一煎制并发放配送给省、市定点医院及发热门诊。各区统一领取市中医医院煎制完成的汤药，向隔离点隔离人员和居家隔离人员发放服用。

## 全领域普及中医药预防 "治未病"保复工

除在新冠肺炎救治过程中全面采用中西医结合方式治疗外，市中医医院还积极发扬中医"简便验廉"优势，将使用中药作为疫情防控措施，发挥

"治未病"功能,加快推进复工复产。一是在公共服务体系全面推广中药预防,提高"免疫力"。针对公共服务机构人员陆续返岗的情况,除做好物品防护、测量体温、分散就餐、网络办公等防控措施外,积极在全市机关和企事业单位推广中药预防,由中医药防控专家组在已有药方基础上根据人员岗位特点和工作环境分别制定药物组合,促进广大干部职工在日常生活中调节身体机能,达到防治效果。针对感染风险较大的社区、城市公共交通和铁路等部分岗位人员,专家组专门制定配方,医院统一煎制,免费发放服用。既保障了药物的安全性、有效性,又能全面提高公共服务体系"战疫"能力。二是在复工复产措施中积极纳入中医干预,穿上"隔离衣"。在全市企业复工复产过程中,市中医医院根据市疫情防控应急指挥部相关规定,积极督促企业采用中医观点合理安排作息时间、推广中药方剂使用,并派驻中医专家进企业指导用法、用量及煎制过程,确保科学有效预防,提高返岗员工免疫力。

# 使命映照初心,守护母婴安全

付 荼(安徽省妇幼保健院党委办公室)

无畏无惧,用心守护,筑牢母婴安全防护网,是妇幼人义不容辞的责任和担当!

2020年新春伊始,突如其来的新冠肺炎疫情让全国医疗系统瞬时成为战时状态。面对疫情,我院广大医务工作者尤其是党员干部始终冲锋在抗疫第一线,用自己的实际行动践行着党的初心和使命。其中第二临床党支部抗疫故事就是众多战"疫"下一个缩影。

## 迎难而上,勇担社会责任

党有所呼,我有所应。自疫情发生以来,合肥市妇幼保健院第二临床党支部积极响应上级号召,由党员许萍、许晓春、朱红凤、张雯思4位同志以及生殖中心4名医务人员组成的团队,不畏艰险、逆向而行,主动请缨加入援鄂医务人员后备库,用实际行动诠释"召之即来、来之能战"的英勇无畏,壮大了抗疫队伍,坚定了必胜信心。

在接到加强高速道口疫情防控通知后,医院立即成立机场高速道口疫情防控工作管理小组,负责湖北牌照车乘人员的体温检测和处置工作。第二临床党支部党员充分发挥党员模范带头作用,纵然大雪纷飞、寒风凛冽,也挡不住他们甘当疫情"守门员"的满腔热情,大家纷纷放弃休假、踊跃报名,24小时轮岗值班坚守在全市人民生命安全的重要关卡。疫情初期,防疫物资紧缺,她们从穿上防护服那一刻起就尽量避免脱下来。"减少喝水的次数,才能尽量避免值守期间上厕所。"压力和辛苦不言而喻,但她们依旧守护着这座城市,为广大市民筑起一道健康防线。

参加安徽生命教育与危机干预中心希望热线志愿服务的西区护士许萍

疫情期间,支部组织委员许萍参加了安徽省卫健委组织的"热线防疫工作先锋队"和安徽生命教育与危机干预中心希望热线的志愿服务,牺牲休息时间义务为疫情中的人们及时提供在线心理援助,疏导心理危机,筑牢心理防线。有时甚至半夜被急促的电话声惊醒,参与生命的挽救。截至目前接线量已达5000余人次,挽救了疫情期间多名因个人原因有自杀倾向的求助者。

## 开拓创新,开展线上问诊

为防止疫情扩散、减少暴露风险,第二临床党党支部努力创新就医模式,积极倡导广大孕产妇线上就诊。党支部书记、生殖健康科主任洪名云疫情期间始终坚守岗位,没有让疫情耽误每一个孕育生命的机会。她带领科室成员创新医疗服务,开展网上问诊,利用微信公众号平台发布新冠肺炎疫情期间的就诊建议,呼吁广大患者通过安徽省妇幼保健院生殖健康中心微信公众号和好大夫在线平台,进行免费就诊。她经常利用工作间隙和下班时间,耐心认真地接受每一位孕妈妈的在线咨询,加强心理疏导和调整诊疗方案。一位林姓女士多年未孕后通过试管技术成功怀孕,因疫情发展,无法定期就医,担心去医院增加感染风险,各种纠结与彷徨,让她出现了各种孕期不适,甚至焦虑症状。就在林女士一筹莫展之时,洪主任主动通过电话回访、微信视频等方式增加诊疗方式,调整治疗方案,跟进后续观察。林女士感慨地说:"幸亏有了洪主任的治疗和鼓励,才让我能够坦然地应对这段特殊的时期。"用爱守护,筑梦试管里的生命奇迹,洪名云用医者的温暖点亮传承生命的希望。

为了减少疫情对孕妈妈产检的影响,党支部副书记、急诊部主任周曙光带领急诊科全体人员,放弃休息、开拓创新,对晚孕期的产妇开展"远程胎心监护+线上问诊"的产检模式,实时跟踪,实时咨询,让广大孕产妇在家就能享受到一对一的专家产检服务。与此同时,周曙光还利用互联网24小时在线免费给疫区患者答疑解惑。

急诊科医生周曙光组织开展"远程胎心监护+线上问诊"的产检模式

## 严防死守,确保孕产妇安全

孕产妇和新生儿是易感人群,如何确保就诊患者的安全,始终是第二临床党支部全体党员挂在心头上的大事。疫情发生以来,第二临床党支部党员放弃休假、坚守岗位,义无反顾地奔赴疫情防控一线,积极参与到医院门急诊、住院部发热预检分诊工作当中。周曙光带领急诊中心将原本夜间医护值班单轨制改为双轨制,加强夜间疫情防控能力,保证24小时孕产妇就诊前能够进行发热预检。疫情期间生殖健康中心每日两次全面消毒,严格落实消毒隔离制度,加强医疗废弃物管理。积极做好科室感染防控工作,开展新冠肺炎诊疗规范知识以及防护隔离技能等的培训,既为就诊患者提供安全的就诊环境,也保障了患者和医务人员的安全。

像这样在岗位中默默无闻无私奉献的医护人员还有很多,穿上白衣,他们是最美战士;脱下战袍,他们是父母、儿女。"没有生而英勇,只因选择无畏。""做一个温暖、有爱、坚强的妇幼人!"铿锵的誓言持续体现在日常的点点滴滴。在疫情就是命令、防控就是责任的信念下,第二临床党支部全体党员积极弘扬"立足岗位、无私奉献"的精神,倡导"肩负使命、服务社会"的价值观,营造"学习先进、争当先进"的良好氛围,以更饱满的热情、更包容的心态、更精湛的技术去呵护患者,服务患者,守护一方平安,守护母婴安全,为打赢疫情防控阻击战奉献自己的力量!

# 60人团队全员"待产",保障新冠病毒感染产妇平安生产

朱沛炎　李　欢（合肥市第二人民医院宣传处）

风雨同舟,大道不孤。看不见的容颜下,他们担着最庄重的使命,化作一道道彩虹,冲破疫情的迷雾,为人民群众送去平安与希望。众志成城,没有翻不过的山;心手相连,没有跨不过的坎。我们相信,未来可期,胜利在望!

没有被禁锢的城,只有离不开的爱,2月13日晚,伴随着一声清脆的婴儿啼哭声,新冠病毒感染产妇王女士在合肥市第二人民医院顺利分娩,护佑母女平安的60名"待产团队"流下了激动的泪水,新生命的降临不仅带来了希望,更为特殊时期奋战在抗疫一线的医务人员带来了前所未有的喜悦。

## 60人团队全员"待产"　搭建隔离手术室反复模拟

为保障新冠病毒感染产妇平安生产,医院高度重视,立即成立专家组,多次组织隔离病区、新生儿科、院感科、麻醉科、手术室、产科等多学科会诊,抽调了一支由妇科、产科、新生儿科、麻醉科等共同组成的60名医护团队全员"待产"。

"我们以最充分的准备应对这场手术,由于术中医护人员与王女士一直处于接触状态,同时面临一些体液、血液的接触。因此,手术过程必须反复模拟,保证术中严谨、操作规范。"直到2月12日深夜,7个学科的医护专家还在会诊。医院医务处副处长胡杰介绍:"我们按照传染病院感标

准改造出一间隔离手术室,并为产妇、新生儿精心布置出了独立的隔离病房。"

## 身穿三级防护服严控院感　手术顺利母女平安

2月13日21点30分,王女士进入手术室,近10名精干医护人员身穿三级防护服为产妇进行剖宫产手术。

"哇哇哇……"22点10分,一名约7斤重的女宝宝顺利产下,母女平安。"孩子的哭声可响亮了!我们在外面听得清清楚楚。"合肥市第二人民医院隔离病区治疗组组长叶军说,"整个手术过程中,隔离病区相关专家一直在手术室外'待命',听到孩子哭声那一刻,大家心里一块大石头落了下来。"随后,医护人员还用手机视频"连接"了王女士的家人,"我们要把这份喜悦之情及时传递给他们。"

世上没有从天而降的英雄,只有挺身而出的凡人。已是深夜2点,经过一系列术后护理后,医护团队从隔离手术室走出来,脱下了厚重的防护服,已浑身湿透,"在里面工作了7个多小时,不过看到这,一切都值得了。"

## 母女一起出院回家　爸爸为宝宝取名"安然"

2月27日,在众人期盼的目光中,王女士在医护人员的护送下,从合肥市第二人民医院治愈出院。与她一起回家的,还有出生后一直未见面的女儿。

"起初非常担心孩子被感染,但两次核酸检测阴性,我们都放心了。现在这个结果是最好的,我们参加手术的医护人员都非常开心,母女平安就是对我们最好的褒奖。"就在当天,主刀医生桑琳刚刚解除隔离,也来到了现场,抱起了可爱的宝宝,心情颇有些激动,"这是我第一次仔仔细细地打量这个可爱的孩子,希望你以后健康快乐地成长。"

"想孩子,但是看到你们把宝宝照顾得那么好,我们就放心了。"临行前,王女士的家人抑制不住内心的激动之情再三地向医护人员表示感谢。据了解,王女士的丈夫特地为女儿取了一个美好的名字——安然,取"安然无恙"之意。

结束隔离期的主刀医生桑琳(左)第一时间前来看"安然"宝宝

# 工欲善其事，必先磨其镜

汪 莉（铜陵市人民医院）

现代化的医疗救护设备是我院保障抗疫医疗工作安全高效开展的重要武器。医疗设备部工程师们奔走于各个科室，保障CT检查设备、呼吸机、心电监护仪、消毒机等处于良好的运转状态。他们是保持战斗状态的"准一线"战士。

2020年春节暴发的新冠疫情，像一面镜子，照出了白衣天使们的不畏困难，照出了一线工作者的最美逆行。生命重于泰山，疫情就是命令，防控就是责任。疫情期间，隶属铜陵市人民医院行管第四党支部的医疗设备部积极响应。全体党员及关键岗位人员全部放弃春节休假，立即投入各自岗位，带上放大镜，装好望远镜，善用显微镜，全力为临床一线做好应急保障。

## 放大镜：临危受命，一丝不苟

大年三十，各家都在准备年夜饭，可设备部的办公室里忙得热火朝天。根据院疫情防控指挥部的统一部署，要求应急开通医院老外科楼四层病区用于确诊及疑似患者的诊疗，其中第10层作为确诊患者收治区，第12层作为疑似患者隔离病区、第13层作为危重症患者救治病区、第11层作为一线医护人员隔离休息区，随时准备投入运行。时间紧、任务重，又正逢除夕，工厂停工，快递停运，物流受限。可疫情就是命令，为了保障临床一线防控任务能及时、有效地落实，在后勤保障部的大力支持下，医疗设备部为感染病区紧急协调安装了30余张病床及基础配套设备，并紧急采购了几十台用于一线疫情防控诊疗必需的呼吸机、氧疗仪、监护仪、消毒机等医疗设备，并陆续安装到位。为满足新冠肺炎确诊及疑似患者与其他患者隔离检查的需要，紧急采购了一台CT，没有现成的机房，就临时将一间待报废的X光机房进行改造。

医疗设备部工程师在后勤保障部和影像中心配合下紧急拆除X光机，为应急采购的CT安装腾空机房

时间就是生命，在影像中心和后勤保障部的大力支持下，从拆机到机房改造完成仅用了不到两天时间，为新CT的顺利安装、使用节约了宝贵的时间。节日期间医疗设备部的工程师们也随时待命，对于临床一线的设备维修及安装任务，做到随叫随到，并多次深入感染病区安装及调试医疗设备，为防控疫情所需设备正常运行积极贡献医工力量。

## 望远镜：调配物资，运筹帷幄

由于疫情突然，库存的医疗防护物资有限，而临床一线及辅助部门的日常消耗与日俱增，供不应求，医疗设备部的压力陡增。为了让一线的医护人员防护用品得到保障,节日期间,医疗设备部加班加点,一面四处寻找货源,一面广泛发动社会爱心人士提供医疗防护物资的援助。采购部门每天电话联系全国范围内能够提供医疗防护物资的经销及生产企业,多渠道广泛寻求货源,确保临床一线医疗防护物资的供应。

  节日里,医疗设备部的同志每天都要去开发区顺丰的快递点看看有没有新到的防护用品,物流无法送货上门就自己开车去取。企业要求先付资金再发货,财务部配合开辟了绿色通道。同时感染管理科和护理部对急缺的医疗防护用品进行全面管控,本着轻重缓急的原则,根据各部门需要,制订防护用品每日申领发放表,做到医疗防护用品合理有序、分级分类发放。医疗设备部的库管员本已在外地陪孩子过年,知道科里太忙缺少人手,大年初三就改签了机票赶回来一起奋战。为保障医用口罩第一时间提供到临床一线使用,工厂紧急赶制的口罩来不及消毒,医疗设备部一边联系消毒供应中心,确定消毒的可行性方案,一边紧急订货,确保货源及时到位。在医院消毒供应中心的大力支持下,医疗物资到货后一包包分拣、消毒再分装后分发到临床一线使用,为我院抗击新冠疫情取得阶段性胜利提供了基本保障。

## 显微镜:公开透明,细致入微

  随着疫情的不断发展,医疗设备部的同志每天接上百个电话,也陆续收到社会爱心人士的捐助物资,每天开车去市防控指挥部、市政府领取调拨的防护物资。可这些物资来源不明,质量良莠不齐,如何对受赠的物品进行质量验收并依据产品性能做到合理的发放,给医疗设备部又带来了新的挑战。为了让临床一线医务人员用上安全、可靠的产品,科里的微信群每天都会分享相关的知识,如各类防护物资的国家技术标准,以及美国、欧盟、日本、韩国等多国货源的技术标准,为医疗防护物资的安全使用严格把好每一关。为了做到对捐赠物品的信息公开,医疗设备部将每一笔捐赠详细登记发放记录并每日上报,同时每周在医院微信平台上公开。

  古人云:"以铜为镜,可以正衣冠;以史为镜,可以知兴替;以人为镜,可以知得失。"以疫为镜,更是看到了社会各界的爱心、一线医务人员的责任心和共产党员的初心。积合力以致胜,汇众智而成功。万众一心,众志成城,我们一定能打赢这场疫情攻坚战。

接受海外侨胞捐赠的抗疫物资

# 守住城市的道口，就是守住病毒入侵的入口

李皖婷（合肥市第四人民医院宣传统战科）

哪有什么岁月静好，不过是有人为你负重前行。披上这身白衣，他们就是陪伴在你身边的白衣战士。"医"路相伴，"医"生有你！

2020年2月5日凌晨3点，整座城市还没醒来。但站在夜色笼罩下的高速道口，由远及近的车灯提醒着郑明明，这远不是休息的时候。

郑明明是合肥市第四人民医院睡眠障碍科的90后年轻医生，也是一名入党积极分子。新型冠状病毒性肺炎疫情期间，他多了一项工作，就是在高速蜀山道口检测进入合肥车辆司乘人员的体温。

1月25日晚，医院领导在医院工作群中发起倡议，征集志愿者参加高速道口检测体温的工作，郑明明第一时间报了名。

1月26日，大年初二，正在病房值班的他接到领导电话："加入道口疫情防控队，明天凌晨2点到早上8点去高速道口检测过往车辆司乘人员体温，行不行？"

"没问题。"他的回答坚定有力。

2003年"非典"期间，郑明明还是一名初中生，并不能完全理解疫情意味着什么，却在那时就在心中埋下一颗白衣天使的种子；17年后，他已穿上儿时梦寐以求的白大褂，又成为一名入党积极分子，守住病毒入侵城市的入口，为抗击疫情出一份力，他觉得很光荣。

然而，最初的自豪感淡去之后，他才发现坚守高速道口并没有想象中那么轻松。

驻守在合肥高速蜀山道口的合肥市第四人民医院睡眠障碍科医生郑明明

防控队员24小时守在高速道口,每6小时换一次班。且不说6小时里他要说上几百遍的"您好,请下车测一下体温",拿体温枪的手抬起放下上千次(很多人因为在车里暖气开的足,第一次测体温都会偏高,要复测好几次),最难熬的就是当"忍者"——因为防护服的特殊设计,穿脱不易且容易造成污染,为了不上厕所,每次上班前6个小时他就忍着不喝水,更别说在值守的时候喝水了,所以等一个班次结束以后他往往都是口干舌燥,嗓子干得说不出话来。加上常常不能按时吃饭(午饭下午2点才能吃,晚饭晚上8点才能吃),他笑称自己已经在这段时间变成了"超级忍者"。

不仅如此,因为长时间"捂"在防护服里,郑明明也习惯了"速热"和"速冻"模式。有一次,他因夜里值班很冷,早上就穿了两件棉袄;结果上午出太阳,防护服又不透气,热得他一身汗。除此之外,因为长时间穿防护服导致皮肤过敏,与防护服边缘接触的皮肤长了很多包块,又痒又疼,但他没有一句抱怨。

每次当班时,由于郑明明是小组里唯一的医生,复核体温偏高人员的任务就落在他肩上。虽然也有些害怕,但医者担当意味着不辱抗疫使命,所以他始终恪尽职守,在不放过一个发热患者的同时,也不忘做好对他们的心理宣教,告诉他们体温高并不一定就是感染了新型冠状病毒,要保持理性平和的心态。

守住城市的道口,就是守住病毒入侵的入口。作为一名医生,郑明明深知防病和治病同样重要,所以在检测体温的间隙,他也非常注重向司乘人员宣传日常防疫措施,提醒他们疫情期间既要做好自身防疫,又要讲究方法,戴口罩、勤洗手、少出门,不恐慌、不盲从、不信谣、不传谣,科学面对疫情。

当然也有很多暖心时刻。在当值的十几天里,经过道口的爱心司机、住在周边的市民,都曾给医务人员送过奶茶、面包、酸奶、方便面……"很多人都是把东西放下后转身就走,也不愿意留下姓名,我们都很感动。"郑明明说。

1月26日,郑明明接到任务第一时间加入高速道口新冠疫情防控队;7个月后,他仍战斗在医院防控新冠疫情的第一线,彰显了一名90后年轻医生的担当。

不忘初心、牢记使命,舍小家、为大家,在疫情面前,一个党员就是一面旗帜。郑明明说,虽然他现在只是一名入党积极分子,但他始终努力以一名共产党员的标准要求自己。

疫情不解除,共产党员就不会撤退。坚守道口十余天后,包括郑明明在内的医务人员按照指令,从高速道口撤了下来。短暂的休整后,他又投入到紧张有序的临床医疗工作中,战斗在医院新冠疫情防控的第一线,肩上的压力和责任始终不曾卸下。他说自己将坚守岗位,铸起防控疫情的屏障,为全面打赢这场防控阻击战努力奋斗。

没有一个冬天不可逾越,没有一个春天不会来临,只要大家齐心协力、众志成城,一定能取得战"疫"的最终胜利!

# 爱 的 快 递

葛 元（安徽省胸科医院门诊部）

  2020年初受新冠疫情影响，我省部分肺结核患者无法按时到定点医疗机构进行随访检查和领取免费抗结核药品。为确保患者抗结核治疗的规范性和连续性，减少疾病传播，避免因不规范服药产生耐药的风险，安徽省胸科医院医生韩伊坚守本职岗位，贴心守卫患者健康，用实际行动践行医者的初心和使命。

  新冠疫情当前，无数医护人员冲锋陷阵，无惧生死，昼夜奋战在疫情防控第一线。而更多医护人员坚守本职岗位，在后方随时待命，更是彰显了医者的尽责和担当。

  这其中，就有安徽省胸科医院耐药结核科医生韩伊。由于疫情期间的交通管制，很多结核病患者没有办法按时到院复查取药。为了不让患者治疗半途而废，在这样的特殊时期，如何让患者能够及时复查，能够坚持治疗而不至于断了药物，患者着急，她比患者更着急。

  和新冠肺炎类似，结核病也是重大呼吸道传染病，严重威胁到人民的生命健康。结核病的治疗需要全程坚持服药，不可随意停药，普通结核病的治疗至少需要半年，耐药结核病的疗程更长，一般为18到24个月，所用药物价格昂贵，毒副作用相对较多。如果不能及时复查，如果拿不到药而中断治疗，会耽误患者的疗效，甚至变成不治之症，更严重的会造成新的耐药患者产生，会传染更多的人，给患者个人、家庭造成巨大的损失，也会给社会造成很大的危害。

  疫情无情封了路，但人有情不怕艰，为了不让患者治疗半途而废，耐药结核科韩伊医生通过朋友圈、通过电话跟踪和掌握每一位患者的治疗信息和现状后,决定为急需药物的患者"寄药"。看似简单,但完成起来并不容易。韩伊需要调取患者资料,联系患者需要复查监测的项目,询问患者一般状况,通过视频查看了解患者的精神状态等。另外,还指导患者在当地有资质的医院做相关检查,并将结果传回,经患者同意后帮其在省胸科医院耐药门诊挂号、录入资料、请示上级医生后生成处方、药房取药,作为耐药门诊的医生更像是耐药门诊的患者家属。考虑到每个耐药患者的治疗方案不完全一样,药品种类较多、使用剂量不同等,韩医生在耐药门诊专管护师葛元的协助下,进一步做好资料核查、方案核准及药品核对等工作,同时联系快递尽快寄出。由于疫情防控的需要,每天都会遇到很多不确定的因素,有时几经辗转,患者才拿到急需的药物。韩伊说:"直到患者收到药物的那一刻才安心!"

疫情期间,发送快递这件本不难的事情似乎也成为一道槛挡在了韩医生面前。她说:"最怕的就是遇到快递发不出去!延误患者服药的时间!有时候药物发出去会遇到交通管制而中途滞留,有一次就是滞留了好几天,患者才联系到当地爱心车队终于拿到药物。当时自己心里别提多着急了,担心患者拿不到药,当患者第一时间拿到药联系我的那一刻才终于安下心来。"

正在为患者快递药物的安徽省胸科医院耐药结核科医生韩伊

韩医生可能只是在大疫当前的特殊时期，和所有坚守在工作岗位的医务人员一样，守护着人们的健康，做了一个医务人员该做的工作。给一位患者做这些事不难，但是需要给她的每一位耐药门诊患者都寄出药物，她就需要每天定时出现在医院门口翘首等待快递小哥的到来。这份平凡中的坚守，这份平凡中的仁爱之心，这份平凡中的不离不弃，不正是我们每一个医务工作者的初心吗？

# 一个人的元宵节

崔应江（六安市人民医院宣传部）

驻村帮扶守健康，抗疫一线显担当。2019年8月，六安市人民医院主治医师吴三永被选派为安徽省健康脱贫"百医驻村"医生，前往黄山市歙县武阳乡方村开展帮扶工作。疫情发生后，吴三永提前结束春节休假，回到驻村地点，奋战在基层疫情防控一线。

2月8日，正月十五，象征着月满灯明、万家和睦的元宵佳节，这一天家家户户煮汤圆、庆团圆。而对于在大山里的驻村医生吴三永来说，一个人依然坚守基层疫情防控一线，守护着村民健康。

吴三永是六安市人民医院主治医师，2019年8月主动报名加入安徽省健康脱贫"百医驻村"行动，来到离家400多公里的黄山市歙县武阳乡方村，成为偏远山村里唯一的医生，一个人撑起了60平方米大小的村卫生室。

一场突如其来的新冠肺炎疫情，让春节里在六安休假的吴三永待不住了，在家过完年后，他带上传染病医学书籍和从医院申请的口罩，提前结束假期，告别家人，前往驻村点。

吴三永回到村子的第一件事就是梳理和摸排村里从湖北返乡人员的分布情况。经过走访，得知村里共有10名从外地返乡人员，其中湖北返乡的有7名。吴三永立即挨家挨户上门，给他们建立返乡人员登记表和联系卡，要求其居家隔离，并每天两次进行体温检测。

元宵节当天一大早，吴三永像往常一样6点起床，骑着旧式摩托车赶到村卫生室，接诊一些患有慢性病的患者和感冒发烧等常见病的人群。一上午的工作丝毫没有要停下来的意思，趁着间隙，吴三永马不停歇到分布在不同村组的10个返乡人员家中查看居家隔离情况,忙完后返回村卫生室时都已经过了饭点。顾不上吃饭,他空着肚子连忙来到乡卫生院备齐村民需要的药品和办理村民看病报销的发票,并将返乡人员身体状况上报相关部门。

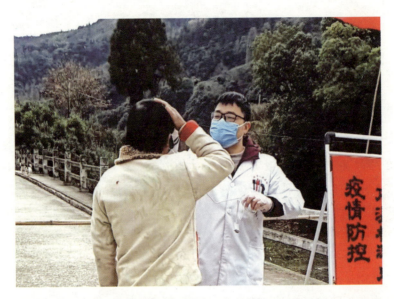

驻村医生吴三永在黄山市歙县武阳乡方村入口处对过往行人进行排查

下午,沿着蜿蜒崎岖的山路,吴三永前往海拔600米的山旗寨组,向村民了解情况,"大叔,这两天村里有没有来陌生人啊?""姑娘,最近可有发热咳嗽乏力的不适症状?""爷爷,您这是去哪儿,您的身体不太好,这段时间尽量在家里休息,不要到处走动"……吴三永走户串组,宣传防护措施,在村组的宣传栏上更新黑板报内容,将防疫知识普及给村民,一再叮嘱村里人不要外出。这个村组"隐藏"在大山深处,山高坡陡弯道多,无法骑车直达,上下山需要步行,往返一趟得两三个小时,吴三永每隔一天都要到那里排查有无外来人员,为每户人家测量体温。

当看到有村民聚集的现象,吴三永第一时间进行劝离。村子很多防护措施不到位,口罩也紧缺,为此,他将从六安市人民医院带来的口罩分发给返乡人员、出现发热症状的村民以及一些体弱多病的贫困户、孤寡老人,嘱咐他们时刻注意身体情况,随时和他保持联系。

在黄山市歙县武阳乡方村,驻村医生吴三永走村串户给村民测量体温

吴三永还利用有限的时间,结合自己掌握的医学知识,对当地村干部进行科学防护培训,亲自示范如何正确佩戴和摘取口罩,介绍医学标准的"七步洗手法",讲解日常生活、心理健康等方面的一些注意事项。

"刚开始,几个返乡人员不配合,对于居家隔离不够重视。"面对这种情况,吴三永在手机上搜集了一些关于防控新冠肺炎疫情的最新视频和动态信息,"我建了一个微信群,把十个返乡人员拉进来,每天将防疫常识发到群里,让他们看看。"村里的广播每天也反复宣传疫情防控知识,后来居家隔离的村民对疫情防范意识也增强了,心理情绪也都稳定。

晚上6点多,将当天下午第二次给返乡人员检测体温表格和村里相关情况上报后,吴三永在乡里食堂吃了口饭回到宿舍。由于山区条件艰苦,经常性停水,吴三永用毛巾蘸了一下脸盆里留存的一点凉水,擦了一把脸,打开电脑,及时把一天里收集到的资料进行整理归档。这几天,吴三永每天晚上都要忙到深夜,虽然很累,但很充实。

"我现在最大的担心就是外来人员进入村子,不太好掌控他们的动向和密切接触人群,再加上外出务工人员多,防控任务艰巨。"面对严峻的疫情,吴三永感到肩上的担子沉重。"在这个非常时期,我要扛起责任,把好基层疫情的防控关,当好村民健康的'守门员'。"

今年的元宵节,注定不平凡。正在前线抗击新冠肺炎疫情的医务人员,早就把过节的概念抛之脑后,告别自己的家人,全力以赴地救治更多的家人。他们是节日里那抹亮眼的"大白",今天让我们向"大白"道一声:元宵节快乐,愿你们与家人早日团圆!

# "笔尖"上的抗疫

夏韬华（中国科学技术大学附属第一医院（安徽省立医院）西区办公室）

60多个日日夜夜，从寒冬到暖春，从黑夜到黎明，我们的英雄奋战在最危险的疫区。作为医院的宣传工作者，我在大后方与他们一起坚守、并肩奋斗，用手中的笔坚持记录他们在前线的点滴生活，为战"疫"提供有力的舆论支持，把信心传递到千家万户。如今回忆别时的漫天飞雪，畅享归来的和煦春风，我庆幸他们都能无恙归来，我希望从此现世安稳，岁月静好。

己亥末，庚子初，新冠肺炎肆虐神州。在这场艰辛而漫长的抗疫之战中，无论是奔赴前线的白衣战士，还是留守大本营的后备力量，都携手并肩奋斗，为打赢这场没有硝烟的战争而不懈努力！作为一名医院的宣传工作人员，我虽然没能和驰援武汉的同事们并肩进入"红区"战斗，却始终坚持用手中的笔记录他们在前线的一点一滴，以这种特殊的方式全程参与了这场没有硝烟的战争。

## 铃声，是一切的序幕

1月26日大年初二的深夜，在将家中闹腾了一天的小神兽哄睡之后，我也迷迷糊糊即将进入梦乡。这时，床头的手机却突然拼命震动起来，信息提示音响个不停。随手摸来一看，医院的微信群里竟然多了近百条信息，我不由心里一咯噔：这抗疫形势一天比一天严峻，这么晚了群里还热闹成这样，怕不是出什么事了吧？

仔细翻看一番，满屏都是"致敬！祝英雄凯旋，早日归来！"原来，西区第一批护理人员王叶飞、圣文娟、陈川惠子和王佳佳已经加入安徽第一批支援湖北医疗队,即将开拔前往武汉。

1月27日,中国科学技术大学附属第一医院(安徽省立医院)首批支援湖北医疗队10名队员领命出征

突然间,我的心头仿佛压上了一块巨石:我的同事即将奔赴战场,直面未知的艰难与风险,而我能做的似乎只有默默祈祷,无声安慰。在送上一句祝福后,我按灭了手机屏幕,在心中默念:赶紧休息吧,从明天开始,我也要做好"打持久战"的准备了。

## 送行,有不舍与坚决

1月27日清晨,天空中飘起了丝丝冷雨,为这场特殊的离别增添了几分愁绪。出征的命令来得如此突然,留给几位白衣战士的时间很少很少,他们只来得及告别父母,拥抱爱人,轻吻孩子,便怀着忐忑却又坚定的心情踏上征途。历经两个小时的车程,医疗队顺利到达武汉。这群来自江淮大地的逆行者们斗志满满,将要携手打响"抗疫之战"。

在与首批医疗队员王叶飞交谈时,她坚定地告诉我:"离开家乡前往最危险的疫区,说没有半点顾虑当然是不可能的。但有些事总得有人去做,面对危险也总要有人挺身而出。我愿意去武汉,而我的家人也很支持我。"

"我愿意""我不怕""我的家人支持我",这是我在与西区35名支援湖北医疗队员交谈时,听到过的最多的几个词。即使心中万般不舍,即使离别之际眼含泪水,可当冲锋的号角响起时,没有任何一个人会退缩却步。他们坚定的目光、铿锵的誓言和请战书上鲜红的指印,总让我想起基辛格在《论中国》中说过的一句话:"中国总是被他们最勇敢的人保护得很好。"而在这一刻,我们的医护工作者就是最勇敢的人,也是最可爱的人。

## 前线,是奋战与坚守

1月27日、2月4日、2月13日,西区35名医护人员先后奔赴武汉。经过简单休整和系统培训,他们便立即投身到抗击疫情的工作中去。

疫区的工作任务异常繁重。每次进入病区前,队员们都要洗手,穿隔离衣,戴帽子,戴口罩,戴护目镜,穿鞋套,戴面屏,戴手套……这些装备看似简单,却为他们竖起一道坚实的保护屏。

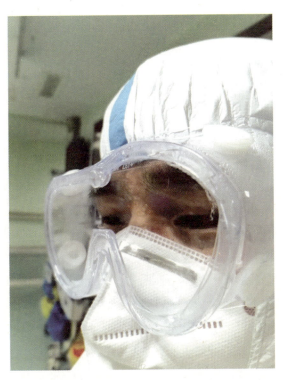

在武汉病房里工作的安徽支援湖北第三批医疗队队员夏涛涛

虽然还是寒冬时节,武汉每天的气温都很低,但是穿上全套"战袍"还是会让人感到憋闷不已,不一会儿汗水就湿透了衣衫。而没有空调和暖气的房间又会让人觉得分外寒冷,队员们被冻得直打战,甚至要在身上贴一层暖宝宝。有时候大家忍不住叹气:真想脱下厚重的衣服休息一下!但由于每次穿脱防护服都有严格的消毒流程,使用过的防护用品也不能再重复利用,所以为了节约时间、节约物资,所有人都坚持好几个小时滴水不沾,尽可能将工作时间延长,多坚守一会儿。

与第二批支援湖北医疗队员、在武汉东西湖方舱医院工作的西区放疗科杨帆护士长对话时,她曾感慨万千地说:"虽然在这里很少需要进行护理操作,但每天的工作任务也很繁重。我们要为患者提供'一站式服务'。工作量大、事情繁杂,除了常见的医疗服务外,还要顾及患者生活起居,更需要兼顾安抚、缓和情绪,我们的每一句话都可能会给他们带来巨大的触动。在这里,我们不仅要为患者缓解身体上的痛苦,还要抚慰他们心灵上的伤痛。"

有时下班回来,队员们会在群里报个平安,庆祝自己又完成了一次"重大任务",为疫情抗击堡垒再添一块坚实的青砖。

队员们经常说:"救死扶伤是我们的使命,全国千千万万医护工作者都在并肩战斗,为打赢这场攻坚战而不懈努力,我们一定会坚守下去,为每一位患者带去更多的温暖和力量!"

## 温情,有感动与欣慰

作为一个中国人,我向来认为我们的国家、我们的同胞越是面对重大的灾难,越是能体现出超乎寻常的凝聚力和向心力,越是能凸显人与人之间的无限温情。在与医疗队员们"隔空对话"的日子里,他们对我诉说的许多故事让我感触颇深。

在新冠肺炎患者集中的病区,医护人员不仅要完成常规的治疗护理工作,还要充当患者的"大管家",照顾他们生活起居的方方面面。数十日朝夕相处,他们获得了患者全身心的信任,彼此间建立了无比深厚的友谊:王叶飞特意带了梳子为她的"周阿姨"理顺凌乱不堪的长发;圣文娟照顾的刘大姐成功出院后在朋友圈里发文向她致谢;王佳佳叮嘱大家为李婆婆准备蛋糕和鲜花,为她在病房里庆祝生日;陈川惠子听说病房里的两位老大爷没有牙刷牙膏,特意从宾馆带了新的送给他们……当有患者去世时,队员们也会细心为逝者整理仪容,收拾好一切随身物品,给予患者最后的体面与尊严。无私的奉献获得了患者和家属的理解与感激。

在新春佳节之际,队员们离开家乡奔赴疫区,背后少不了家人的鼓励和支持。在武汉工作的几十天里,他们收到了来自家人的"花式"礼物:一封情真意切的家书,一段充满童真的祝福,一张亲手绘制的奖状,一个温情脉脉的电话……都让在一线艰苦奋战的白衣天使们倍感温馨。

背井离乡在前线工作,同事就是最亲近、最值得依靠的人。他们彼此依靠、彼此支持、彼此信赖:ICU为前线的6位战友录制了暖心的祝福视频;第三批队员为第一批队员送去了鲜美的鸡汤;过生日的队员得到了甜美的蛋糕;在元宵节、情人节和女神节,大家总会收到丰盛而精美的礼物。同样的,来自大后方的支援也是源源不断:无论是防护物资的筹集调配,生活用品的及时补充,焦虑心理的疏通引导,还是留守家属的关心慰问,总是无比周到无比贴心。

除去这些,武汉当地班车司机的日夜守候,临时驻地工作人员的热情招待,志愿者们的周到服务,爱心人士源源不断的捐赠,也让在"红区"奋战的白衣天使们有了不断前进的动力和勇气。

## 归来,别飞雪迎春风

平凡却不平庸,低调却不失魅力,这是时代对于医务工作者们又一次的高度评价。在这场抗疫之战中,他们与死神赛跑,与病魔对抗,冲锋陷阵,从未退缩。

3月18日、19日和31日,经过数十天艰苦的奋战,所有抗击疫情医疗队员们终于出色地完成了任务,平安凯旋!从1月26日的深夜到4月14日的正午,是整整78天;从送别第一批医疗队员,到迎来"大团圆"的完美结局,这是一段漫长而艰难的日子。

作为一名宣传工作者,我在大后方与"逆行者"一起坚守、与"战疫者"并肩奋斗,用手中的笔坚持记录他们在前线的点滴生活,为打赢疫情阻击战提供了有力的舆论支持,把战胜疫情的信心传递到千家万户。那场没有硝烟的战争中的每一天都无比清晰地映在我的脑海中,每一个队员传回的每一段文字、每一张图片都是一线生活最真实的写照。今天,我细细翻阅两个多月来的近百篇新闻报道,最庆幸的无疑是他们每个人都平安地回到家乡,重归正常的生活。而我最希望的,是我们从此不会再面对这样的离别与守候,历经磨难的祖国能够山河无恙,岁月静好。

时隔78天,安徽第一批支援湖北医疗队队员王佳佳(右一)见到在医院迎接他的家人

第三编　防控尖兵　『疾』人之忧

# 疫情防控一线的检验尖兵

江 石（安徽省疾病预防控制中心）

虽不能至，心向往之。抗击疫情的战场上，疾控人奋勇担当，虽不能与战友们一起截杀病毒，愿我以笔为戈，为前线的同事加油助威！

孙永，男，1981年5月出生，中共党员，中国科学院武汉病毒所研究生毕业，2008年11月参加工作，现任安徽省疾病预防控制中心微生物检验室主任，副主任技师，中共安徽省疾病预防控制中心病媒与微生物检验党支部书记，安徽省疾控中心新型冠状病毒肺炎疫情工作实验室检测组组长，安徽省卫生健康系统抗击新冠肺炎疫情先进个人，2020年5月当选安徽好人。

## "妈妈，原谅我不能送您回家"

2019年6月，孙永被选为第五批援塞成员之一，与中国疾病预防控制中心、军事医学科学院、宁夏疾病预防控制中心等单位同事，开展为期6个月的重点传染病监测与检测等工作。该项目自2017年7月启动，通过派遣中国传染病防控专家，针对当地重要传染病（埃博拉、马尔堡出血热、拉沙热、登革热、疟疾、霍乱和伤寒等）开展监测与检测，协助塞拉利昂建立和完善重要传染病防控模式，支持其公共卫生体系建设和发展。援非期间，孙永同志的母亲被确诊为肺癌晚期，没有等到远在异国他乡的儿子归来便撒手人寰。作为儿子，没能在母亲病榻前尽孝，是孙永同志一生的遗憾。援非归来，国家允许休假21天，孙永早早计划着利用这个假期，把母亲的骨灰送回山东老家亲手安葬。1月16日,安徽省疾控中心接到第一例新型冠状病毒肺炎疑似病例检测任务,作为一名实验室检验人员,他深知病例样本的实验室确诊速度,关系着整个疫情防控措施的走向,还在休假中的孙永义无反顾地重新回到实验室。临出门前,他默默看了一眼母亲的遗像,将"塞拉利昂共和国政府公共卫生合作奖章"放在母亲遗像前,说:"妈妈,我又有新的任务了,原谅我不能送您回家,作为一名党员,这个时候我必须上。"面对新冠肺炎疫情突然袭来,他抹掉眼泪,转身就带领检验团队全力投入战斗中去。

1月31日,孙永(右)和实验室同志核对检测数据信息

## "媳妇,我不冷,放心"

新型冠状病毒肺炎样本的核酸检测,对病例确诊、疫情研判都有着至关重要的意义。疫情发生以来,安徽省疾病预防控制中心微生物检验室的仪器设备高速地运转着。生物安全三级防护服穿上没多久衣服就会湿透,而按照目前的工作量,他们每次穿上防护服要连续工作好几个小时才可以脱下休息,每次脱下防护服堪比洗过一次"桑拿浴"。"一名党员就是一面旗帜,一个支部就是一个堡垒。"作为党支部书记,孙永同志身先士卒,每天多次进入实验室进行核酸提取工作,给团队起到了模范带头作用。为了确保每一份样本检测的准确性,孙永同志常常24小时驻守办公室,坚守岗位,吃的是方便

面,睡的是简易的行军床。爱人问他被子那么薄冷不冷,他淡淡地说:"不冷,实验时间长,我也基本上没时间睡觉,感觉不到冷,放心。"

2月3日,孙永在安徽省疾控中心微生物检验室开展检测工作

## "你们赶紧回家吃个年夜饭"

"苟利国家生死以,岂因祸福避趋之。"在孙永同志的带领下,为了检测结果既快速又准确,孙永和他的团队队员超负荷运转,度过一个个不眠之夜,因为他们深知,尽管样本检测是高风险、高强度的工作,但在7000万安徽人民健康面前,个人的安危微不足道。

年三十晚上,实验室检测工作并没有因为辞旧迎新而中断,孙永和他的同事们依然忙碌在实验中。终于告一段落,一看手机,好多未接来电,儿子给他打电话问"爸爸,你什么时候回来陪我过年啊?"他轻轻地说:"乖,爸爸有非常重要的工作要做,今年不能回家过年了,你是男子汉了,要照顾好爷爷和妈妈,知道吗?"放下电话,孙永催促科里的年轻同志赶紧回家吃个年夜饭,自己和其他两位科室负责人吃了几个中心工会送来的凉了又热的团圆饺子,转身又走进了实验室。

## "我们有信心,打赢这场硬仗"

为了更快更好地推进全省抗疫工作,2月7日起,实验室检测工作交由市级疾控中心和部分医疗机构完成。孙永和他的团队继续做好各市样本检测结果的审核、无法定性样本的复检,并深入基层疾控,开展检测质量控制及生物安全技术指导。在做好基础工作的同时,孙永带领检测团队迅速投入到新型冠状病毒病原学特征研究工作中,以揭示新冠病毒分子流行特征和发病转归过程,研发快速检测方法,力求为疾病防控和快速诊断开辟新的途径。5月,安徽省疾病预防控制中心加挂安徽省公共卫生研究院,孙永和他的团队们继续迈步在科研攻关的道路上助力全省的卫生防病事业。

当记者采访孙永同志的时候,听不到他话语里的慌乱疲惫,更多的是有条不紊。他说:"这些年,在省委省政府的领导下,在省卫生健康委的指导和中心领导的支持下,我们病原检测技术有了很大的进步,安徽疾控在应对新发突发传染病方面有完备的应急预案,我们还开展了多项国家重大专项研究,我们实验室检测的效率和准确性,在全国是名列前茅的,我们疾控人有信心,将全力以赴打赢防控新型冠状病肺炎疫情这场硬仗,确保人民群众生命安全和身体健康。"

# 你的身影,是让市民最安心的风景

王媛媛（蚌埠市疾病预防控制中心）

正是有许多像陈军主任这样党员干部的默默坚守,我们党必将带领人民取得抗疫战争的胜利。

"每天打开电视就等着看《一日一案》,听专家的话安心。""我家老头谁的话都不听,就信电视上陈主任说的……""老年人固执,就信电视。""父母每天都看,提醒很及时……"自蚌埠市新冠疫情防控以来,蚌埠市民微信里茶余饭后的话题经常是这样的。从麻痹大意到如临大敌,市民的心态经历着过山车般的翻转。

蚌埠市"新冠病毒"来势汹汹,从元月23日第一例病例的出现到2月5日一天24例确诊病例的飙升,市民们惴惴不安,恐惧、焦虑、不安开始在城市上空蔓延。如何尽快稳定民心科学防控是摆在蚌埠市委、市政府面前的一道难题。市疫情防控指挥部紧急研究,决定在蚌埠广播电视台开播《一日一案　专家谈预防》专题科普节目,利用对本地案例的解读,让市民第一时间听到官方权威专家的声音,在听故事的过程中了解病例感染的路径,学会科学维护健康,稳定大众的情绪。

这档科普节目对嘉宾的标准要求很高,既要有深厚的流行病学功底,能够对现有病例从发病到确诊进行可能感染的路径分析,还要有逻辑推理能力,能够找到病例间的关联。更重要的是还要掌握科普的技巧,能够饶有趣味地将防控知识融入讲解的故事中。谁能堪此大任?领导们将目光锁定在蚌埠市应急防控指挥部防控专家组成员、主任医师陈军身上。陈军是市疾控中心健康教育和慢性病防治科科长,公共卫生专业科班出身,经历过2003年的"非典"疫情防控。此次"新冠"疫情暴发后,陈军每天与其他专家组成员进行案例研究分析,追查病例根源。与其他人不同的是,陈军还是全国健康社区行国家级健康巡讲专家,有着百余场科普讲座经验,担此重任非她莫属。

蚌埠市应急防控指挥部防控专家组成员、蚌埠市疾控中心主任医师陈军做客蚌埠广播电视台,提示通过密切接触导致传播的可能途径,揭示生活中个人防护的细节

疫情就是命令,防控就是责任。2月6日,刚刚完成24小时疫情值守,已连续奋战半个多月的陈军临危受命,立即全身心投入节目的策划录制工作中。在熬过了又一个不眠之夜后,第一期节目的文案和图片终于完成。2月7日一大早,陈军戴着口罩走进了电视台的演播室,开启了《一日一案 专家谈预防》的节目录制。中午录制完成,下午又匆忙着手第二天案例的收集整理策划。日复一日,这一坚守就是52天。陈军"霸屏"了,52天,每天一期节目,荧屏上她的身影每天定时出现。

陈军对本地案例的解读很接地气,健身房的聚集、年夜饭的全家中招、超市里的几分钟接触、小诊所密闭空间的共同输液经历、长途车上的亲切交谈……故事的题材不同,但是期期节目同样精彩。市民们在一个个鲜活的案例中,记住了所有的科学防护方法。2月11日起,蚌埠市的疫情开始了急刹车,2月20日后再无新发病例。

随着疫情防控趋势的不断向好,当大家开始松一口气的时候,陈军的《一日一案 专家谈预防》不断地提醒告诫,让大家躁动的心再一次趋于平静,继续坚守、无必要不外出,复工抗疫两不误,市民外出怎么做、企业复工如何防、境外来人提前报,蚌埠市民心里明明白白。有的人还很骄傲地把网络视频链接发给其他地市的亲朋好友:"蚌埠的疫情我们很了解,我们每天有专门的节目介绍,聚餐是主要途径,尽量不出门,出门一定要戴口罩……你也看看吧。"在分享学习引来各种艳羡时,市民们却发现荧屏中她坚守的身影一天天疲惫、轻柔的声音一天天沙哑,有些市民还特意打电话到专家组,提醒陈军保重身体。

即便戴着口罩,市民们也能准确认出她。大家见到她最常说的一句话是:"陈主任辛苦了!"她总是微笑回答:"为大家服务是分内的事,大家觉得有用我就很开心。"

疫情面前,每一束微光,都可以点燃时代的火炬。在抗击"新冠"这场看不见硝烟的战争中,陈军以自己特殊的方式在坚守,成为全市380万群众的温暖守护者,诠释了医务工作者对人民的爱心和责任,体现了共产党员的使命和担当。

春暖花开,山河无恙。你每天坚守的身影,是让百姓最安心的风景。

# 为了黎明的深夜阻击战

撒　楠　崔　杰（安徽省疾病预防控制中心）

在武昌区工作的日子里，我主要负责采集新冠肺炎确诊病例、疑似病例、密切接触者等人的咽（鼻）拭子样本，对我来说，每一次样本的采集都是为了跟病毒告别，每一次守候都期待武汉的春暖花开。

——撒楠

自1月25日（大年初一）以来，我很庆幸在抗疫一线参加了健康热线值守、地市防控督导、武汉一线驰援工作，81个离家的日日夜夜，让我用青春践行了党旗下守卫人民健康的誓言。

——崔杰

武汉的夜很静，静得只能听到战"疫"人的脚步；武汉的夜也不平静，因为有许多人在为了崭新的黎明正在进行一场场深夜阻击战。

**战"疫"目的地**：江汉油田招待所隔离点

**战"疫"人**：安徽省支援武汉疾控队队员撒楠

**战"疫"心路**：忙了一个下午，晚上7点钟，我吃过晚饭刚回到宾馆，接到了新的任务——到一个隔离点采集5个人的鼻咽拭子。赶紧一路小跑赶到疾控中心换装，看雨下的不太大就没再回去拿伞。全副武装完毕，我拎着采样箱和相关采样所需的一大袋材料，就顺着武昌区疾控同仁指的方向出发了。想想只有5个人，就没让其他同志同行了。出了门，感觉雨越下越大，天越来越黑，深一脚浅一脚的在黑夜的雨里摸索着，突然意识到可能走错了，好不容易找到个社区志愿者问了问，却又听不懂当地话，脑子有点蒙，幸好来一辆警车，才问清楚了路。一路边走边问，边问边猜，爬了三层楼，我总算到达了目的地，防护服外面都是雨，衣服里面都是汗，护目镜里全是雾气。喘了会气,顺利地完成了采样任务,想到又有5个人能尽快得到筛查,我内心突然平静了。

一路冒着雨把样品送回疾控中心,回到宾馆冲个澡换掉满身是汗的衣服,想着这一天的采样任务算是完成了,刚想躺倒休息,得知今天流调组的电话流调任务还没完成,我们几个队员又再次赶回了疾控中心,开展电话流调工作。为了更好地完成任务,我特意跟当地疾控的同志学了几个武汉方言中的重点词汇。我想,完成了这次支援工作,至少我又掌握了一门方言。完成了今天所有的工作任务,时钟已经划过了午夜12点,赶紧收拾好睡了,新的黎明快到了。

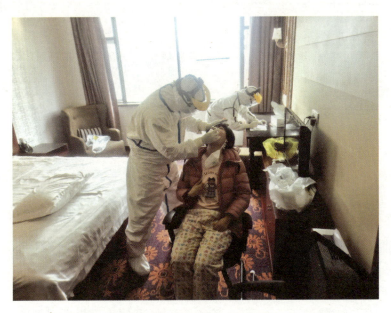

2月24日,撒楠在武汉市武昌区酒店隔离点进行采样

战"疫"目的地:湖北省人民医院

战"疫"人:安徽省支援武汉疾控队队员崔杰

战"疫"心路:晚上8点多,接到了武昌区疾控中心紧急电话,湖北省人民医院一例新冠肺炎确诊病例请求武昌区省级流调组支援,开展现场流行病学调查。放下电话,流调组的5位队员紧急碰了个头,由于夜晚工作容易疲劳,我们商量决定让老同志和年轻同志早点休息,由我和另一位同事一起去完成这次任务。我们以最快的速度换装,在驱车赶往医院的路上,梳理了

调查思路,确定了调查分工,以便提高调查的质量和速度。

晚上8点30分,流调组到达了湖北省人民医院感染病区,跟护士长进行了简短沟通,向值班医生了解了患者的基本情况和检验报告,便进入清洁区全副武装后,进入了病房开展面对面流调工作。患者是一位结肠癌患者,病情特殊,去过多家医院,行动轨迹非常复杂。经过一个半小时的努力,我和队友对患者自1月21日以来的密切接触者进行了全面的梳理登记。纸质版的材料无法带出隔离病房,我们只能用手机拍下记录。回到宾馆已经是夜里11点多了,我抓紧时间开始撰写流调报告,可能是手机用袋子装着,照片不是特别清晰,还好是自己记录的,靠着记忆,完整地还原了流调记录,梳理了发病、诊疗和密切接触者情况,分析了可疑的暴露史。凌晨1点的钟声敲过,我终于用最短的时间将流调报告上报至相关部门。

在隔离病房待了大概两个小时,病房暖气开得很足,防护服里的衣服都湿透了,我洗好衣服,看看时间,已是3月2日凌晨2点多了。时间过得真快,一转眼,到武汉已经两周了。3月,惊蛰至,万物苏,犁地植树又一春,春的黎明快到了。

3月1日,崔杰和队友在湖北省人民医院感染病区开展现场流行病学调查

# 用心聆听,以声防控

程 英(宣城市疾病预防控制中心)

  头戴耳机,面带微笑,从容淡定,这是姑娘们日常的工作剪影。热线电话就是抗疫阵地,她们以爱出发,静心聆听,用轻柔的声音,解疑释惑,平复每个来电者焦躁的情绪,时时传递温暖的正能量,在抗疫战场上用最美的声线构筑一条健康防线!

在2019年岁末,面对疫情防控严峻形势,宣城市疾控中心在2020年大年初一吹响集结号,取消春节休假,全员迅速到岗。这场突如其来的疫情,牵动所有人的心,向群众提供疫情防控咨询服务犹如"及时雨",为更快速地开展专业解答,市疾控中心在原有12320健康咨询热线基础上,又新增电话,设立三条新冠病毒疫情防控咨询专线。第一时间向社会发布了24小时咨询电话,抽调业务骨干负责全天候在线接听服务。她们中有的将嗷嗷待哺的婴儿交给父母照料,有的还没来得及享受团圆氛围,就辞别年幼的孩子和年迈的父母,连夜从千里之外赶回工作岗位,勇当疫情防控逆行者。

## 以爱出征,成为她们用心服务的工作常态

  当"嘀嘀嘀"的电话铃响起,咨询员拿起电话轻轻一句"您好,请问有什么可以帮您吗?"这是宣城市疫情防控咨询员的每天工作场景。头戴耳机,面带微笑,从容淡定,这是最美的工作剪影。静心、耐心地倾听来电者的问题,是她们必备的基本素质要求。有时来电人因为着急,表达不清自己想要询问的问题,她们就耐心地引导,让其慢慢说。即便是半夜来电,她们也总是不厌

其烦地回答咨询者关于疫情工作的一个又一个问题,有时还需要一遍遍地解释,直至咨询者明白。

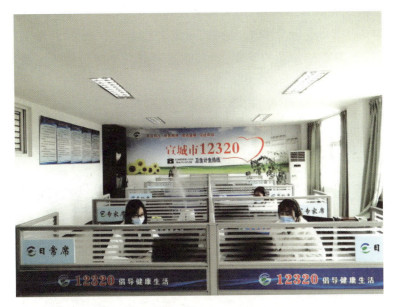

疫情防控咨询热线咨询员每天的工作场景

由于群众对疫情防控工作关注度高,热线电话铃声经常此起彼伏,单日最高有效接听处置热线数达70余件,小小的办公室里显得紧张而忙碌,但忙而有序。通常一天下来,她们口干舌燥、声音嘶哑,有时连耳朵也嗡嗡作响。负责新冠病毒防控咨询专线的饶晓倩同志,由于夜间连续接听电话,时常整夜失眠。每当群众对答复表示满意时,她们感觉一切辛劳和付出都是值得的。

## 全面学习,迅速成为疫情防控"度娘"

咨询员们每天都会受理到各种防控问题,除了新冠病毒相关科普知识外,群众还会把咨询员当作疫情防控的"度娘",许多涉及部门协调的问题也打热线电话,她们则化身疫情防控"百事通",根据熟练掌握的信息,随问随答,及时为群众们排忧解难。

常常会有群众不知有关疫情的问题该咨询哪个部门,就会拨打疾控中心公布的热线电话。她们必须熟知疫情期间各相关部门的职能、服务范围和联系方式,以便根据咨询者的问题,准确解释或提供服务信息。她们常常利用午餐时间,进行业务交流和讨论。

为了能够尽快适应岗位,满足群众咨询需求,她们都养成了线上全神贯注答疑解惑,线下争分夺秒看资料的习惯,自制一份"新冠咨询宝典"通俗版,以便给咨询者最易懂的答复。遇到难题及时向疫情防控专家请教,了解全市防控最新工作动态和要求。

疫情防控咨询热线咨询员利用短暂的空闲时间,线下争分夺秒看资料,研究讨论业务工作,不断补充和完善自制的"新冠咨询宝典"通俗版内容,以便给咨询者最易懂的答复

## 热线电话,成为疫情和舆情监测的前沿哨点

在我市开展武汉乃至湖北省返乡人员信息排查时,咨询员经常接到群众反映武汉返乡人员、车辆和疑似患者信息,她们详细询问、记录被举报人的相关信息后,将"情报"第一时间反馈给市防指或县(市、区)卫健等部门,以便社区工作人员开展线索追踪并落实相关措施,助力社区织牢疫情防控网。在问题解决后,她们还及时将处置结果反馈给来电人。

对于线上收到群众关于疫情防控工作建设性的意见和建议,每天向防控指挥部、市卫健委上报,群众反映的多条意见和建议被政府或部门采纳。她们不仅负责咨询解答,同时还建立防控咨询电话分析报告制度,对每日受理的群众来电进行分类汇总和分析,总结群众关注的防控热点问题,将分析报告和新冠病毒肺炎咨询统计表,于次日早上9点前报给市防指和市卫健委,为疫情科学决策提供参考依据。

## 用声防控,成为抗疫线上最美的音色

疫情防控初期,常有市民把对未知疫情的恐惧、对家人的担忧及其他不良情绪通过打电话来倾诉,有时一个电话要持续30分钟。她们总是不烦不躁耐心倾听,用轻柔的声音、和蔼可亲的语气,平抚他们焦躁的情绪,进行答疑解惑。有时凌晨一两点也会响起电话,这种超负荷的工作,不仅身体劳累,同时心理也承受着极大的压力。但她们总是通过正面引导来自我释压,将最好的一面展示给听众。

防控热线设立以来,已收到群众反映咨询新冠防护信息、车辆出行问题、社区管制措施等电话1698个,及时通过与相关部门对接、开展联合行动,使各类问题线索均得到精准处置。防控热线已经成为向群众宣传防控工作的"小广播"。群众已将热线当作参与疫情防控工作的"意见箱",它架起了政府与群众有效沟通的桥梁。在这个特殊的岗位上,咨询员以声防控新冠疫情,她们拿最美的声线在抗疫战场上筑起一道健康防线,让声音传递温暖的抗疫正能量,用最美的音色在防疫战场上谱写胜利的乐章!

# "变脸"不变心

程振兴（六安市疾病预防控制中心）

我们疾控人变的是"脸"，不变的是对疾病预防工作的那一份热爱，执着的是对守护人民健康的那一份责任。

疾控人的脸在"变"，但他们的初心，一直没有改变。

自六安市出现新型冠状病毒感染的肺炎疫情后，六安市疾控人就一直走在疫情防控的"最前线"。他们以实在的行动、有效的措施、坚定的决心，全心投入到疫情防控工作中去，全力保障全市人民健康。

他们所有人，全部取消休假，连续工作五十多个日日夜夜。他们中的很多人，夜以继日，研判疫情，成为"都市夜归人"。他们中的准新郎，为了防控工作与他人健康，主动推迟了精心安排的婚礼……这一切的一切，无不体现了疾控人的初心和使命。

## 和病毒赛跑的巾帼英雄

她是六安市疾控中心微生物检验科的一名检测人员。那天，做完实验，取下脸上的口罩，忽然哭了。因为每天超长时间戴着口罩和护目镜，看到镜子里，满脸勒痕像换了一张脸。

她从未见过这样的自己。一瞬间，忍不住，泪如雨下。

何止是她，承担这次新型冠状病毒感染的肺炎疑似病例筛查任务的检测人员，谁又不在"变脸"呢？

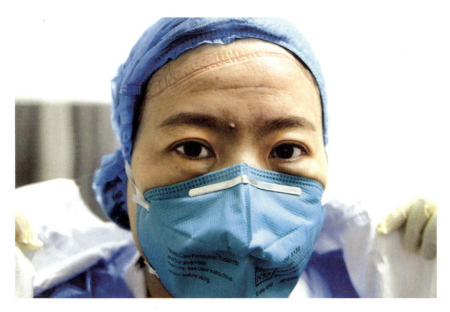

2月4日,六安市疾控中心实验室,脱下防护服的检验员,每个人的脸上,都有一道道"美丽"的勒痕

在六安市疾控中心的五楼实验室。他们一直全副武装,随时待命,不间断接收和检测全市各县区送来的样品,担负着六安市新型冠状病毒感染肺炎疑似病例样本检测的重任。

这段时间里,为切实保证自身安全,六安疾控的检验人员身穿防护服,头戴护目镜,浑身上下包裹得密不透气。实验后脱掉防护服摘掉口罩的时候,每个人都是满头的汗水和满脸的压痕。即使这样,由于新冠病毒的很多机理还不十分清楚,在尽可能做到百分百防护的情况下,检测人员依旧存在被病毒感染的危险。

所以,有时候为了家人的安全,他们不仅要承担被病毒感染的风险,还要承受下班后"有家不敢回"的辛酸。

正逢哺乳假期的检测人员陈蓓蕾,自愿放弃每天1小时的哺乳时间,只是抽空回去给只有9个月大的婴儿喂奶,然后立即归队,投入到繁重的工作中。

疫情面前,巾帼又何曾让过须眉?

## 和时间赛跑的疾控卫士

80后小伙吕勇,六安市疾控中心急性传染病防治科科长,一名参加工作十余年的疾控工作者。工作以来,他负责处理的各类传染病、食物中毒等各类突发公共卫生事件百余起,均及时有效地控制了疫情的蔓延和流行。他在默默守护着六安人民的健康,这一守,已有十载光阴。

这十年,他正当青春,也是他最好的十年。现在的他,早已不是当初那个意气风发的懵懂少年,脸上更多的是作为一名疾控人应有的责任与担当。

2020年1月18日晚,正值周末,吕勇在家陪伴孩子,接到六安市首例新型冠状病毒肺炎疑似病例报告后,他没有丝毫犹豫,第一时间进入隔离病房开展流行病学调查工作,当调查完毕,写完分析报告已是凌晨。那一刻,尽管十分疲惫,但他心中充满了完成任务的骄傲和自豪。

1月24日,除夕夜,本该万家团圆的时刻,接到六安市金寨县报告首例病例请求指导开展流行病学调查后,他匆忙放下手中碗筷,火线奔赴金寨县。紧要关头,面对疫情,他放弃了来之不易的假期,牺牲了阖家欢乐的机会。

作为六安市疾控中心监测分析与流行病学调查组的组长,他深知自己身上的责任和使命。为了当好参谋,他带领组员在一起已记不清写了多少个方案,做了多少次数据分析,做过多少次态势研判,形成过多少条管理建议,也分不清白天、黑夜和星期几,只知道疫情形势稍有变化,就要及时动态分析,重新调整防控策略,这样来来回回,不知今夕何夕……

直到有天中午四岁的儿子反复地打电话说:"爸爸你什么时候回家看我新学会的翻跟头?怎么还不回来看我呀?"那一刻他热泪盈眶。

是啊,多少天没见到一双儿女。每天出发时他们还未醒来,回家时已是深夜,有时加班忙起来甚至顾不上回家。但他并不后悔,因为他深知:"作为一名疾控人,自己从未如此责任重大,有太多的大家需要我们去守护,也只能暂时牺牲自己的小家。"

元宵节的六安市疾控中心办公楼,疫情防控相关科室的办公室灯火通明,防控人员正在夜以继日地工作着

## "疫"路同行的90后情侣

他俩是大学同学。像大多数普通人的恋情一样,并不起眼。毕业以后,她先考进了六安市疾控中心。外地的他,兜兜转转,最后也来到了这里。

原本,这个时候,他们应该在欢欢喜喜地筹备婚礼。但突然来袭的新冠肺炎疫情打破了这一计划。现在的他们,早已和同事们一起,连续50多天,奋战在"疫"情一线。

有一天,他被单位安排到六安市霍山县驻点支援,协助霍山县密接调查、疫情分析及溯源调查等。而她,继续留在单位。

到了霍山以后,每天,他要做的事情很多。穿上防护服,连续几个小时地工作,她难免会担心。但她相信,他一定能做得很好。因为她知道,他虽然寡言少语,但却是一个非常细心又好学上进的人。

等疫情结束,他答应带她出去看看那么大的世界,她期待着岁月静好和新的生活……但现在,他们最大的心愿就是贡献自己的一份力量,争取早日打赢新冠肺炎疫情防控这场硬仗。

事实上,在六安市疾控中心,在疫情防控一线,还有很多像他们这样的平凡人……他们有的忍痛让父母带着稚儿留在老家,有的即使孩子生病发烧也没有丝毫退缩,有的为了夜间接样不能一起回家。他们都是抗疫路上的最美"逆行者",是人民健康的隐形"守护神"。他们默默付出、勇敢无畏,他们也许平凡,但在战"疫"路上,他们用自己的方式去诉说属于疾控人的那份浪漫。

这场没有硝烟的战斗,已持续了很长时间,六安市毗邻湖北省,离武汉很近,人口基数大。但目前,疫情始终处于平稳态势和可控状态,这也是他们作为一名疾控人的最大骄傲和自豪!

# 向阳而生，逆风飞翔的疾控人

王洪丽（淮南市疾病预防控制中心）

当疫情发生时，总有一道光照亮我们前行的道路，总有一群人用自己的无畏撑起我们的蓝天，他们用自己的行动温暖着我们的心房，他们离病毒最近且冒着生命危险工作在疫情最前沿，向阳而生，逆风飞翔。

自新冠肺炎疫情发生以来，安徽省淮南市疾病预防控制中心反应迅速，立即启动突发公共卫生事件应急响应，成立疫情处置组。疫情处置组由10位具有本科以上学历的专业技术人员组成，他们平均年龄37岁，其中有3名共产党员，1名入党积极分子。他们年富力强，都是中心从事流行病、消毒消杀工作的业务骨干。

市疾控中心分管疫情处置的副主任、副主任医师、共产党员伊广生，作为安徽省淮南市首席流行病学专家，他指挥处置过SARS、甲流、H7N9人感染高致病性禽流感等疫情，具有丰富的处置重大疫情的经验。他去年年底常感身体不适，经常阵发胸痛胸闷，住院确诊为心脏病，需要立即做心脏支架手术。突如其来的疫情搁浅了伊广生年后住院手术的计划，他拖着病弱的身躯，奔波在抗疫第一线。明知那是最危险的地方，却仍勇往直前，这是职责所在，使命感召。2020年1月24日晚，除夕之夜，阖家团圆的日子，中心实验室检测出淮南市首例新冠肺炎阳性患者。疫情就是命令，接到任务，伊广生匆匆搁下饭碗，怀揣心脏急救药物，急速赶到单位，带领应急处置组成员奔赴现场进行调查处置。冒着被感染的风险，连夜调查分析，判定密切接触者并进行隔离医学观察，划定疫点疫源地的消杀范围，协调联防联控部门进行管理,强调武汉返淮人员摸排要细致再细致,无一疏漏……当同事们劝他休息一定要保重身体时,他总是淡然一笑:"这是我的责任。"说完,拿起笔记本,组织中心各组对疫情的发展趋势进行评估,又投入新的工作当中。

2月17日,淮南市疾控中心副主任伊广生(中)在疫情处置组分析研判病例传染源

疫情处置组的工作任务是对新冠肺炎疑似病例、确诊病例和无症状感染者开展流行病学调查,掌握病例发病情况、暴露史、接触史等流行病学相关信息,分析聚集性疫情的传播特征和传播链,做好密切接触者的追踪判定,为锁定密切接触者阻断传播途径赢得宝贵时间。应急处置组10位同志始终坚守在一线,此时的家对他们而言,是一个近在咫尺却又不能回的远方。

从2020年元月24日除夕夜到2月8日正月十五,几乎每天都在夜里10点多钟,大部分人即将就寝之时,疫情处置组的同志们却开始了去现场流调的准备。他们快速、娴熟地穿上厚重的隔离衣、防护服,戴上口罩、护目镜和眼罩,背上应急处置箱,像出征战场的战士一样,整装待发奔赴疫情第一线,接受新的使命。次日凌晨四五点甚至五六点,才是他们完成任务归队的时间,早上8点,在中心疫情处置组又看到了他们生龙活虎的身影,开始了又一天的忙碌……而这一整天的忙碌,只是他们这几十天来连续繁重工作的缩影,已经成为一种常态。

2月5日,疫情处置组前往安徽省凤台县处置一起聚集性病例,开展密切接触者的病例排查及病例溯源

应急处置组组长、共产党员、中心应急办公室主任李杰,从战"疫"打响至今,身先士卒,以一位共产党员的责任和担当奋战在疫情防控的第一线,40多天来他几乎吃住在单位,白天带领团队分析研判疫情、确定密接人员,一天的检测结果出来后他连夜带领疫情处置组同志奔赴各点对阳性病例所在县区现场指导流调。2020年2月2日是浪漫的"世纪对称日",疫情处置组组长李杰同志的爱人高芳带着慰问品来到中心应急处置组看望大家,李杰看见妻子到来有些意外,微笑着打了个招呼就又忙了起来,没有过多的语言交流,高芳只是默默地看着忙碌中颇显疲惫的丈夫,眼神中充满了爱意和支持!没有遇到你以前,我随遇而安,遇到你以后,我以你为安!正是有这些暖心的家属,才使我们疾控人踏实安心地奋战在抗疫第一线。

公共卫生监测科科长、疫情处置组成员童树高同志是组里的老大哥,他具有多年现场疫情防控工作经验,熟悉县区情况。他先后两次陪同省疫情防控工作督导组来淮到各县区开展疫情防控督导工作,连续奔波在各县区一线,督导六区二县防控措施落实情况、密切接触者管理情况、防控物资储备情况,并检查各县区防控组织是否健全、基层业务知识培训及新冠知识宣传是否存在问题等情况,为我们快速全面掌握各县区疫情防控工作提供了有力依据。

疫情处置组成员、急性传染病防治科副科长、共产党员吴前程,从除夕开始一直忙碌在抗疫第一线,爱人的姥爷去世,因疫情紧迫,没能回家送老人最后一程。处置组队员、共产党员陆伟同志的爱人快要临产,可自从进入疫情处置组,他已经不记得几天没有回家了;疫情处置组余朝涛同志的爱人在县区疾控工作,夫妻俩放弃新婚休假并肩投入战斗;消杀科水岩同志一边负责疫情处置,一边兼顾疫情现场消毒消杀指导;计划免疫科副科长、疫情处置组队员孙辉克服胆囊手术后的不适,坚持一线工作,还和余朝涛同志兼职当起业余通讯员,记录工作的点点滴滴;陈阳、代长华夫妻俩都在一线工作,他们顾不上家中幼小的孩子和年迈的父母,义无反顾加入疫情防控工作中。理化检验科祝翔同志主动递交请战书,逆风前行,奋不顾身地加入了疫情处置的队伍。

没有岁月静好,是有人在为我们负重前行。正是有这些疾控人舍小家为大家,用自己的专业知识托举起一城人的幸福与希望,同时间赛跑,与病毒较量,从他们身上充分体现了共产党员、白衣战士的责任与担当。2020年2月,安徽省淮南市疾控中心疫情处置组作为表现突出集体被安徽省卫生健康委通报表扬。2020年3月6日,安徽省淮南市实现疫情清零,疫情防控转入复工复产阶段。在以习近平同志为核心的党中央的正确领导下,我们共克时艰,众志成城,一定会打赢这场疫情防控阻击战,期待奋战在一线的疾控勇士们凯旋。

# 小小身板大能量

刘 婷（安徽省疾病预防控制中心）

7岁的儿子曾经问我，在这场疫情保卫战中，你也许会问，妈妈，你不是医生，也不做实验，你在忙什么？妈妈想告诉你，做好宣传工作，讲好疾控故事，组织好热线电话，让更多人面对疫情不恐慌，就是妈妈的责任。

"天还挺冷的，你也不戴围巾呢！""冷倒不觉得，你快点走！"凌晨6点的合肥繁华大道人迹罕至，繁星点点，还是深夜的样子，90后小姑娘卢思琦、孙袁芳却是快步走在下班回家的路上。她们刚刚完成日报表整理核对和当日疫情分析报告撰写后，离开了安徽省疾控中心新冠肺炎疫情应急作业中心。虽然他们以前也喜欢熬夜刷个微博、抖音，但自新冠肺炎疫情防控工作启动以来，每天都从晚上七八点工作到凌晨，这不仅极大地考验着她们的生物钟，对于刚刚走出校门一年的她们，最大的考验还是对数据的精准处理和分析。在经历了初入战场的慌乱和紧张，有过对分析结果不尽人意的沮丧和委屈后，现在有序准确地统计分析数据和撰写报告已经成了她们最硬核的工作。

"过度消毒的科普文章应该起个什么名字好呢？""酒精需要关注哪些问题？"虽然已经夜色阑珊，90后孕妈妈何洁还在电脑前苦思冥想。发现她连续半个月在办公室超长待机忙碌，同事们实在不忍心，强制她回家休息两天，可回到家她又把温馨的婚房变成了办公室进行远程办公。作为新冠肺炎健康宣传组的成员，安徽大学新闻传播学院硕士研究生何洁已经是省疾控中心微信公众号的资深小编了，但为了让中心的新冠肺炎科普文章具有针对性，更贴合大众的需求，何洁一边搜集中心咨询电话热点问题，一边绞尽脑汁用更通俗易懂的话语让每一个知识点更生动有趣。经过如此细心揣摩的精心打造，一篇又一篇微信稿顺利发出。但对何洁而言，如何认真回复后台留言，让每一篇稿件走心，让每一条回复贴心，更是她追求完美的心愿。

**90后小姑娘卢思琦（中间）、孙袁芳（右）和同事们在分析数据**

1991年出生的姑娘葛盈露已经在安徽省疾控中心微生物检验室工作4年，是一个有着10年党龄的老党员，同时也是两个孩子的妈妈了。大宝今年上小学二年级，二宝今年才刚刚2岁。平时葛盈露最喜欢在朋友圈晒晒小哥俩，不过最近20多天，她在朋友圈却销声匿迹了，因为这段时间里她经常穿着厚厚的防护服埋头在实验室里和病毒较劲。朋友们问她，天天钻在实验室，一天都不休息，娃什么反应，会不会埋怨妈妈？不爱讲话的她淡淡地说："我不知道娃什么反应，因为20多天没见了，自从核酸检测开展以来，我就跟娃们分房睡了，我只知道到现在大宝还没写完寒假作业。"科长心疼她工作太辛苦，劝她晚上轮班休息的时候早点回家陪陪孩子们，她摇摇头。科室的其他宝妈们都理解，娃没睡觉，她们不敢回家，因为害怕看到娃得不到妈妈抱抱的失望，害怕听见娃隔着房门拼命喊妈妈的声音。她们期待着：阳春三月花开时，带娃踏青，亲亲抱抱举高高。

"到现在我还没告诉爸妈我在武汉,主要是怕他们担心,这么多人能来武汉抗疫,我也一定行!"李涛坚定地说。90后李涛是安徽省疾控中心支援湖北的第一批现场流行病学调查人员中年龄最小的一个。抗疫工作一开始,他就被抽调到应急作业中心工作,每天工作到后半夜。2月16日晚,接到支援武汉的任务,李涛匆匆收拾行装,就跟其他4位战友一起奔赴武汉。出发前,有着8年党龄的小伙子把党徽别在了红色的应急服胸前。在武汉的日子里,处理预警信息,整理个案调查表,走访集中隔离观察点,开展流行病学调查,90后小伙跟同事们一起沉着冷静地忙碌着。夜晚归来,和战友们一起泡一碗泡面算是对自己的慰劳。同事们问他累不累,怕不怕,他说的更多的却是对坚守生命和团结奋斗的感动。

李涛(左一)跟随第一批支援湖北疾控队赴武昌区工作

"科长,我买了火车票,明天赶回单位去,在家着急,我也待不住"。"我报名参加热线电话咨询,虽然不是专业出身,但我可以学。"没有写长篇大论的请战书,这些简单的话语是24岁小伙陈磊发给科长的短信。大年初二的凌晨5点,天空飘起了雪花,陈磊已经告别了父母踏上了通往大巴车站的路。村民们告诉他,最早一班从镇上通往六安火车站的巴士大约6点发车,从家到车站需要步行半个多小时。也许是时值春节,又赶上下雪,从五点半等到六点半,陈磊依然没等到出发的班车,心急如焚的他只能打电话,请邻镇的堂兄开车半个多小时赶来送他到火车站。到了单位,看到同事们正在卸载物资,小伙子立即放下背包就跟同事们一起冒着大雪忙碌了起来。口罩告急！防护服告急！……关键时刻,大家都在和疫情赛跑,为了解决口罩物资紧缺的问题,陈磊上网搜集口罩生产产家电话,一个个拨打,三个小时,打了两百多个电话。招标采购、维护设备、检定校准……虽然没在抗疫第一线,但陈磊他们却是这场战"疫"的有力保障和坚强后盾。翻开陈磊2019年11月递交的入党申请书,"苟利国家生死以,岂因祸福避趋之"的字迹显目耀眼,陈磊正在用行动践行着这句话的内涵。

没有人能随便成功,没有人能轻易长大,在这场战"疫"中,90后正用他们的努力见证着自己的成长。

# 与时间赛跑，与病毒较量

张 奎（阜阳市疾病预防控制中心）

"疾控"因"非典"而生，因新冠肺炎疫情再次走进人们的视野。在这场新冠疫情"大考"中，阜阳市疾控中心全体人员从容"迎考"，以过硬的专业本领和"特别能吃苦、特别能战斗"的拼搏精神，为遏制疫情"增量"和疫情常态化防控贡献了"疾控"力量。

2020年注定是不平凡的一年。自新冠肺炎疫情发生以来，阜阳市疾病预防控制中心全体人员严格贯彻落实习近平总书记重要指示、批示精神，始终坚持把人民群众生命安全和身体健康放在第一位，与时间赛跑、与病毒较量，以过硬的专业技术和冲锋在前、无畏生死的奉献精神，为阜阳人民的生命安全筑起一道道铜墙铁壁。

## "战疫"面前，没有工作时间，只有第一时间

1月22日凌晨，一阵急促的铃声打破了深夜的宁静——阜阳市疾控中心急传科科长李淮彪接到电话，市第二人民医院收治一名高度疑似新型冠状病毒肺炎患者，病情进展迅速，要求立即前往市第二人民医院开展流调。从那一刻起，阜阳的抗疫战争真正打响了。疫情期间，阜阳市疾控中心抽调12名急性传染病防治专业"医学侦探"组成以李淮彪为组长的疫情现场处置小组，负责流行病学调查工作。在疫情最紧张的30多天里，李淮彪带领组员们衣不解带、马不卸鞍，夜以继日地超负荷开展流调工作，累计调查确诊病例155例，排除疑似病例15例，追踪排查到密切接触者4127人，发出或接收协查和反馈函626份，有效阻断了疫情的传播蔓延。

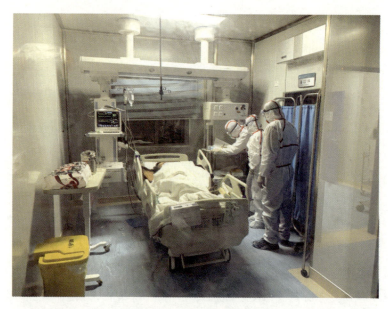

阜阳市疾控中心疫情现场处置小组李怀彪等人在阜阳市第二人民医院负压病房记录新冠肺炎疑似病例

流行病学调查并不都是一帆风顺的,有些患者因为身体状态差或者恐慌焦虑不能够很好地交流,这种情况下,需要流调人员身穿封闭的防护服,进入病房与患者面对面交流,每次都要两三个小时,帮助患者、安慰患者,开展调查,随时都有被感染的危险。"同事问我在里面这么久怕不怕?"李淮彪说,"不怕,这是我们疾控人员的职责。"

在谈起第一位疑似患者的流调经历时,李淮彪依然记忆犹新:"她在病房中非常恐惧,说话断断续续,不断干咳,双手也一直在发抖,不断地向我问询自己是不是得了新冠肺炎,早知道不去武汉了,是不是活不了了?我给她要了杯温水,坐在她床前,'阿姨,请您放心,现在这么多医生、护士都在尽力为您治疗,您一定会康复的。您也不用自责,谁也不想被感染上病毒,我们现在的工作就是调查清楚病毒的来源和去向,让更少的人被感染。'阿姨点点头,我能感受到,她是在表达对生命的渴望,同时也有对我们的信任和支持。"

"结束第一例疑似患者调查回到单位已是凌晨4点多了,病例上报,撰写报告,密接排查,后续工作一样都不能少,等到全部完成,已经是上午9点。同组4人,相视一笑,没说一句话。"李淮彪说,"是阜阳'疾控人'那份担当,那份责任,让我们织起封锁病毒传播的天罗地网,我为我的战友们感到骄傲。"

## 离病毒最近的人

核酸提取、体系配制、扩增检测……看起来每个普通的、有条不紊的操作程序背后,都是危险和希望并存。核酸检测时,痰标本要开盖进行细菌培养,震荡和高速离心处理过程中会产生大量气溶胶,待在实验室里的每一分钟都危机四伏。然而,在疫情面前,时间就是生命,阜阳市疾控中心病毒核酸检测人员,这群被称为"离病毒最近的人",面对病毒却丝毫没有退怯,他们争分夺秒、废寝忘食,加快检测速度、提高检测精准度,每时每刻都在与病毒赛跑、与死神抢夺时间。

在疫情初期,标本检测量屡创新高,最高时达260余个,为确保检测24小时不间断,为患者的确诊、治疗以及密切接触者的追踪隔离提供依据、争取时间,核酸检测人员实行"三班倒"接力。

阜阳市疾控中心病毒核酸检验员郭国侠(左)一边为即将进入实验室的王影整理防护服,一边叮嘱她注意安全

按照三级生物安全防护要求,核酸检测人员必须穿着两层防护服,戴N95口罩、护目镜、面罩、乳胶手套,穿防水靴套等,在25℃恒温下连续工作8个小时。寒冬腊月,实验室外冷风刺骨,而实验室里病毒核酸检测者们已经浑身被汗水湿透。

为确保标本"当日进、当日清",核酸检测人员争分夺秒。在实验室的8个小时里,紧张而又谨慎的工作使他们忘记了连续穿着厚重、密不透风的防护服带来的不适,忘记了直面含有高浓度病毒的标本时不能喝水、不能上厕所、无法擦汗的生理考验,忘记了长时间佩戴N95口罩造成的呼吸困难与压痛,一次次打破生理极限。

刚结束了一个8小时班次的核酸检测人员孟昭倩,一出实验室顾不上擦汗,先揉鼻梁和颧骨,"护目镜和口罩戴久了,疼。"

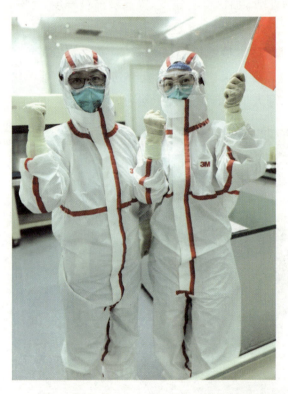

即将进入实验室开始长达七八个小时的核酸检测的阜阳市疾控中心检验员温兰(左)、张晴晴(右)相互鼓励加油

"经过一段时间的摸索,我们对原来的检测流程做了进一步优化,如尽量让医护人员采集病毒含量较高的下呼吸道痰标本;对样本进行前期处理,使得核酸提取、体系配制、PCR扩增等一系列操作更加流畅,将确诊一例标本的检测时间从原来的五六个小时,控制到现在的三四个小时",阜阳市疾控中心检验科科长卜戈说。

然而,面对眼前的阳性结果,26岁的核酸检测人员王影并没有想象中那样欣喜,她睁着通红的双眼说:"我不累,我不怕,可是每个阳性我会难过一下。"

截至6月10日,阜阳市疾控中心已完成6026人8405份标本新冠病毒核酸检测。

## 12320全天候接线

"喂,您好!这里是阜阳市12320公共卫生热线,请问您需要什么帮助?"

1月24日,除夕,晚8点,阜阳市疾控中心12320公共卫生热线接线员张翊媛连续值班的第36个小时。就在两分钟前,她刚处理完一个武汉返阜人员的咨询电话,放下耳麦,准备吃年夜饭——家人趁热送来的饺子。电话铃声却再次响起,她立即放下手中的筷子,清了清嗓子,重新以饱满的精神状态接听电话。电话铃声此起彼伏,她的这顿年夜饭,吃了一个多小时,20个饺子早已经凉透。

这是12320公共卫生热线工作人员在抗击疫情期间工作的一个缩影。疫情发生以后,阜阳市疾控中心紧急调集27名专业技术人员充实12320公共卫生热线及0558-2568810疫情电话接线力量,承担指导群众正确防护,引导发热等症状患者正确就诊,传递准确的预防知识,收集、跟踪防控期间举报线索、建议的落实,向相关部门传递舆情,在线给予市民心理咨询等工作。

"我这两天一直咳嗽,是不是新冠肺炎?""我的邻居感冒了,可会传染我,发展成新冠肺炎?"……疫情暴发以后,接听员们成为了大众紧张情绪最直接的倾听者和安抚者。为了保证随时能够解答群众疑问,他们的工作时间是一整天,由于来电量猛增,他们往往要连续接听四五个小时的电话。"忙",成了描述他们工作状态的关键词,忙着解答防控知识、忙着收集疫情线索、忙着安抚恐慌情绪……忙得顾不上喝水、忘了下班时间、忘了给家里回个电话……

"在疫情初期,我们平均每天要接听300多个电话,最多的时候一天接听了近500个,许多同事因为连续接听四五个小时的电话,顾不上喝水,嗓子都沙哑了,但他们仍在坚持。"徐海洋说,大部分接线员是女同志,许多人从投入疫情防控工作以来,早出晚归,基本没时间跟家人、孩子见面,大家都希望尽自己所能,发挥健康信息线上服务优势,及时为市民提供咨询服务。

截至6月11日,阜阳市"12320"公共卫生热线共接听处理热线咨询17972件。所有疫情线索、投诉、举报均于24小时内得到合理处置,不仅提升了群众对疾病的认识、了解,更成为依靠群众打赢病毒阻击战的重要阵地之一。

新冠肺炎疫情以来,阜阳市疾控中心全体人员勇当疫情防控急先锋,在控制"增量"上作出了突出贡献,得到国务院督导组组长王宇,安徽省省委常委、常务副省长邓向阳,安徽省副省长、阜阳市市委书记杨光荣,阜阳市市长孙正东等领导的充分肯定和认可。阜阳市疾控中心先进事迹更是被新华社分别以"核酸检测者:离病毒最近的人""致敬!离病毒最近的人"为题两次报道,累计阅读量突破220万人次,引发社会强烈反响。

然而,成绩还未来不及回味,阜阳市疾控中心全体人员又紧张投入到常态化疫情防控工作中。他们有信心、有决心、有能力最终夺取疫情防控的全面胜利,确保水土无恙、百姓安康!

# 一位"战地记者"的手记

高 媛（马鞍山市疾病预防控制中心）

用有温度的笔触记录一个个感人的瞬间、一个个鲜活的人物，让奉献、付出、泪水、温情构筑起的疾控战士众生相生动立体地展现在我的笔下。身为一名"战地记者"，抗疫一线也是我的战场。

在和县历阳镇清佛村村部见到县疾控中心副主任杨东伟的那一刻，我着实吃了一惊。

上次见他是2019年12月底来开展艾滋病防治工作综合督导之时，距今也不过区区两月，原先清秀明朗的杨东伟，此时在我眼中实在憔悴得厉害。尽管露出口罩的部位有限，却仍能看出面容消减了不少，明显多日未打理的零乱发型、眼里满布的红血丝和那浓重的黑眼圈，都清楚地印刻着连日来体力透支下的疲惫不堪。

看到朱明副主任带领下的我们工作组一行人，他连忙过来寒暄、对接商谈今日工作事项。工作组今天的首要任务是指导并协助县级工作人员，对发生疫情的某行政村疫点下辖的7个自然村进行密切接触者扩大筛查采样，而我今天的身份，算是"战地记者"，也是样本采集工作的助手。

简单商讨分工后，7个采样组人员穿好防护服，带上采样设备分头出发前往不同的自然村。因为车辆有限，除最远的村庄距离村部有一个多小时路程必须乘车前往外，其他组全部步行。空荡荡的乡间小路上，除了巡逻的公安干警就是三三两两的防疫人员身着白色防护服全副武装在赶路。路边各种硬核防控标语随处可见，每隔一段就是封村的哨卡。大喇叭震耳欲聋地反复播放着防控告示，不时掠过头顶的无人机也在播放着同样的内容，长长的警戒线时刻在无声地提醒我们,这就是病毒阴影笼罩下的村庄该有的样子。

拉满了警戒线的疫点村庄

朱明和杨东伟带领我们第五组来到分派的自然村,在村干部带领下,按照摸排名单,开始挨家挨户进行咽拭子采样。为了节省防护物资,除了直接采样人员外,我们只做了一般性防护。为了有更好的视线同时最大程度保护采样人员,最初考虑在村民户家门口采样,可是乡间空旷场所不时刮起的旋风,为我们把握风向增加了很大难度。如果采样过程中对方发生喷溅,处在下风口的一般防护人员就会直接面临感染风险。反复斟酌后,还是决定由全副武装的采样人员入户进行采样,我们留在户外做辅助工作。

毕竟还有战地记者的使命在身,趁着他们采样间隙,我挨到杨东伟身边和他聊聊,言语间我这才惊讶地知道,他的消瘦、憔悴是因何而来。年近古稀的老父亲1月中旬刚刚做了直肠癌切除造瘘术,卧床不起的老人每天都面临更换造瘘口和粪袋的问题。可术后没几天疫情就开始吹哨告急,陪完一次化疗,大年初一杨东伟就匆匆上了一线。正读高二的女儿当前没有办法复课,照顾她的学习和生活耗去了妻子所有精力。唯一的妹妹生来智力残疾,勉强可以给他帮把手的,只有同样患有癌症的老母亲。无奈之下的他,硬是把自己活生生逼成了铁人。每天至少14个小时的超大工作量,即使忙到凌晨也没法像其他同志一样倒头就睡,他还坚持着第一时间奔回去照顾父亲,每晚睡上三四个小时都成了一件奢侈的事情。有一次通宵工作实在来不及赶回,老母亲太累睡着了,忘记了给老伴换粪袋,等他匆匆进门时,看到的是满床的污物和抱头痛哭的两位老人。

说到这里,他的眼圈一下子红了:"当时我的心都碎了,我这辈子从来没下跪过,那天我就那么哭着跪在床前跟爹妈说对不起,结果父亲还反过来安慰我,让我不要难过,要安心工作好好保护自己,他没读过书没什么文化,可他说知道儿子在为国家做大事,说自己死也不能拖了孩子的后腿……"都说男儿有泪不轻弹,在我的面前,杨东伟就这么忽然地眼泪决了堤。此时正逢队友们采完样出来,他连忙摆摆手背过身去擦拭着,连说了几句:这事儿不能想,真不能想!我也只能拭去满眼泪花,匆匆记下这点点滴滴的感动。

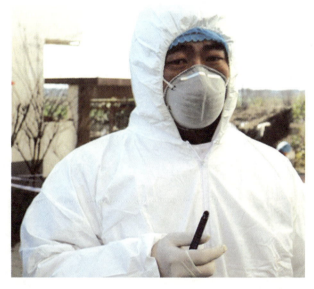

谈及父母,和县疾控中心副主任杨东伟的眼圈瞬间红了

就这样一户户认真细致地采下去,虽然领下的是50人份的采样任务,可我们满心想的都是尽可能多做一点,为县里的伙伴多分担一点。一刻不停一直采到12点多。春日的午间,阳光已经有了一些威力,再加上不停地走动,我们的一次性反穿衣里已经起了肉眼可见的水汽,闷着的身体好似洗了把桑拿,内衣汗透贴在身上,滋味不可言说。即使在这样的情况下,我们仍坚持将随身带着的所有耗材全部采完才告收工,共计完成90人份咽拭子采样。回到村部,卸下防护,一个个满脸都是乱七八糟的勒痕,再席地而蹲,趴

在花坛沿上扒一口盒饭。工作中的疾控人从来不在意什么个人形象,迅速适应环境是必备的职业素质,广阔天地就是最大的餐桌。

短暂休整后,各组重新集结,继续下村。这一次给我们分派的是距离村部不到一公里的另一个自然村,相比上午,路面条件明显差了很多,土路、石子路、坑洼的坡路交替蜿蜒,民居更加分散稀落,严重影响了我们的采样速度。面对30多人的摸排名单,我们反复提醒村干部仔细核对,严格把握摸排标准,切勿遗漏一人,直到夕阳西下,共计完成68人份咽拭子采集。回到村部,刚要脱去防护,又传来邻村采样组耗材告急的消息,我们干脆连人带耗材一同前往支援,协助采样16人份。

结束一天的工作,再回到村部,西天的最后一抹绛红也已被浓重的夜幕掩去。灯火通明的村部里,疫情防控人员穿梭忙碌依旧不息。错落的人影中,我看到杨东伟在埋头做着各种交接统计,然后又饿着肚子忙着张罗大家的盒饭,安排明天的工作,我不禁又想起了早上那张泪流满面的脸庞。我想,此时的他一定短暂地忘记了,那还躺在病床上静静等待着他的老父亲。

终于启程返回了,杨东伟坚持送我们上车,车缓缓启动,他仍在透过车窗和我们挥手告别。夜色中他身着白衣的身影,三分悲壮,却有七分笃定。如他一般,还有那么多白衣卫士在护佑这片他们深爱的家园,美丽乡村的萧瑟终将会被春意驱散。宛如此刻,车窗外虽然满目混沌,而车灯浅浅照处前方的路,却是光明无比。

## 夺冠之战,迎接春天

张长龙(淮北市疾病预防控制中心)

风儿吹着雪花,望寒夜,灯火万家,夺冠路,不计报酬,胜利献给妈妈。

柳枝萌着春芽,看朝霞,号角催发,逆行路,无论生死,春光明媚中华。

——张长龙《战"疫"》

世上总有一些事,让人措不急防,始料不及;世上总有一些人,面对艰难困苦,迈出步履。2003年"非典"之战,我穿着隔离服,车站、诊所、旅店都曾留下我的足迹;2009年甲流横行,我奔走于各所学校,预防知识宣贯,我不遗余力;羰基镍中毒、亚硝酸盐中毒、2013年援藏、2015年禽流感、2018年特大洪水,每一次都有我战斗的身影,每一次都能见到我疲惫的身躯。2020,新冠肆虐春节,年的脚步匆匆,我却是度日如年。

自古忠孝难两全。2020年元旦刚过,庚子年春节临近,武汉告急!新冠肺炎疫情紧急!坏消息,万人返乡的春运大幕拉起!疫情防控刻不容缓,疫情备战时不我待。作为办公室主任的我,顾不上买年货,顾不上走亲戚,顾不上孩子的学习,甚至把刚刚做完腰椎骨折手术的母亲接回家,没有照顾一天,就毅然投入到这场"战疫"。

1月16日起,安徽省第一例疑似病例出现后,气氛变得紧张起来。工作变得越发紧凑,协助药械科统计盘点物资储备,协助实验室订购检测试剂,协助应急办制订防治预案,做好领导的参谋和助手,成立疫情应急处置领导小组,组建应急处置队伍,组织防控知识培训,第一时间把最新的防控方案传达到每一位处置小组队员手里,不打无准备之仗。然而,形势陡然紧张,疫情的发展出乎每一个人的意料,一场席卷全国的战"疫"已经打响。

1月16日20时30分,淮北市杜集区石台镇石台村宗台三组,淮北市疾控中心谭如意、陈锋、张勇、张长龙、魏文彬、曹鹏等开展疑似患者流行病学调查和病家疫点消杀

当人们还沉浸在新年即将到来的喜悦,而疾控人正在紧锣密鼓地准备。殊不知,疫情随着新年的脚步,走进这座充满活力的城市,肆虐的病毒已经开始威胁这座年轻奋进的城市。

1月23日,大年二十九,我和市疾控中心的几位专家一同会商,研判疫情态势,分析我市风险。1月24日,大年三十,我积极响应省卫健委号召,一封请战志愿书送到了中心领导的手里。"我志愿请战,以'节不过,年不过'的劲头,到疫情防控一线,不计报酬,无论生死。"这份沉甸甸的志愿书,成了全中心的宣言书,每一位党员、每一位职工纷纷响应,放弃假期,全员在岗,节不过了,年不过了,一家不圆万家圆,一切只为打赢这场没有硝烟的战役。

疫情总是让人措不及防,大年三十下午我市网报了第一例疑似病例,我们的战"疫"开始了。春节晚会如期上演,然而,我们在现场调查,在居家消杀,在追踪密切接触者,在分析疫情,在撰写初始报告……实验室检测病毒核酸阳性,连夜送样至省疾控中心。

1月25日,大年初一,第一例确诊患者浮出水面,第一位密切接触者接受医学观察。疫情一开始,就进入了白热化。

在这场战役中,我没有退缩,没有犹豫,也没有盲目。身为办公室主任,我主动承担起领导小组办公室的责任,既参与疫情处置,又负责流行病学调查报告的初审;既负责各类信息的收集,又负责信息的报送;既承担应急处置的协调,又参与疫情风险的会商;既负责各类方案的收发传达,又负责各类会议培训的准备和记录;既当咨询解答员,又当防治知识宣传员。自年二十九以来,我的手机铃声响个不停,这个要数据,那个要库存,这个要报表,那个要资料。我坚持撰写工作进展30余篇,每篇涵盖我市疫情概况、病例转归、密切接触者追踪管理、流行病学调查、防控督导、实验室检测、物资储备、人员培训、咨询电话、风险评估等数十项内容的最新进展。

每天早上7点30分之前到岗,每天晚上10点以后离开。这个不是最累人的,有午睡习惯的我,取消午睡,每天下午3时,我需要将24小时内的各类疫情防控工作汇总上报,让上级领导掌握第一手信息,以便做出最正确的决策。20多天的打熬,睡眠不足,原本稳定的血压开始蠢蠢欲动,原本明亮的眼睛开始疲惫模糊。然而,为了第一手资料,为了第一时间信息,我一直在坚持着。眼睛模糊了,点几滴滴眼液,继续敲击键盘;血压升高了,吃一片借来的降压药,继续分析疫情;困得不行了,小眯几分钟,继续冲上一线。

抗击新冠肺炎疫情,我称之为"夺冠之战"。夺冠,是阻击,更是歼灭!夺冠,是信心,更是决心!

# 伉俪情深并肩抗疫,平凡之中大爱无声

张莲子(绩溪县疾病预防控制中心)

我和他相识相知相爱已然35个春秋,我们情义深厚,爱意浓浓,共同进步。但这个春天最令人难以忘怀,我们风雨同舟,一起战斗,把我们的情埋藏在对疾控事业的追求中,把我们的爱深深地扎根于人民群众之中,为保障全县人民的身体健康尽我们之所能贡献出一份力量。

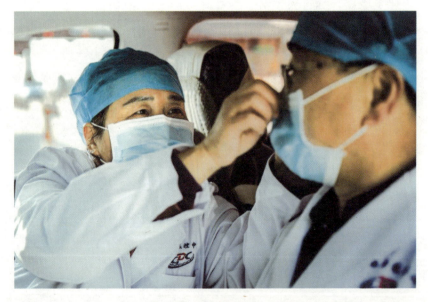

2020年3月7上午9点,程扶雪(右)和张莲子(左)在高速收费站体温检测值班

我和他都在安徽省绩溪县疾病预防控制中心工作,他叫程扶雪,我叫张莲子,今年都虚59岁了(因为我是疾控主任医师,所以还没退休),当抗击新

冠肺炎疫情战斗打响之时,我们夫妻同心,坚守岗位,并肩作战,在抗疫工作中被传为美谈,书写着疾控大爱赞歌。

## 疫情就是命令,我们整装出发

2020年1月25日,大年初一,早晨6点多,气温零下1℃,天空飘着濛濛细雨。我和老伴早早地就起床了,洗漱完毕,开门放鞭炮,和往年一样煮上热腾腾的浇头面(绩溪特有的),给同住的82岁老婆婆泡上一杯新年茶。新的一年来临了。这是一个不同寻常的春节,节前刚刚布置了新冠肺炎的防控工作,我们深感忧虑和不安。绩溪在武汉工作和上学的人数以万计,怎么办?我们不等不靠,主动请战。这一天我们没有像往年那样在家等客人来拜年或是去别人家拜年,而是开车去了火车站……绩溪县自除夕开始,为防控新冠肺炎,在火车站、高铁站设置了体温检测点,我们是县疾控中心的双职工,抗击疫情,我们并肩战斗。老公除夕下午当班,初一早晨是我值班,因为下雨,所以他开车送我去上班。虽然寒风凛冽,但有他在身旁我还是感到幸福和温暖。

随着疫情形势的迅速发展,防控工作的难度也越来越大。单位人少事多,我们俩都被派到了高速和高铁的卡口上。1月26号清晨6点半,因为我们在不同的卡口值班,我只好骑着小电动车去,谁知下坡时车子刹车失灵,我情急之下倒向路边,手脚和腹部多处擦碰伤,我忍痛爬起来检查了伤势,所幸没有伤及筋骨,因为接班的时间快到了,又是早晨,找人换班也来不及了。我只好忍痛坚持去了高速卡口,那一天下高速的车子特别多,一个班5个多小时都是走来走去忙个不停,水都来不及喝,下班后整个人都瘫倒了。老公回家见状,二话不说就又是烧饭做家务,又是帮忙处理伤口和精神安慰。后来单位领导照顾我们,就安排我们去了同一个高速卡口值同一个班,因此被很多同事笑称"夫妻档""抗疫夫妻"。就这样,有时早班有时下午班,不论刮风下雨还是气温零下的清晨,我们总是提前到岗,认真扎实做好每一辆车每一个人的体温检测工作,为抗击疫情作出应有的贡献。

## 防控就是责任，我们肩负重任

我们都是在疾控工作三十多年的老人了，经历了包括"非典"在内的无数次大小疫情和突发卫生事件的考验。我毫不犹豫担任了县疫情防控专家咨询组组长和县新冠肺炎疫情紧急心理危机干预专家组成员。我们每天都要上网搜索新冠肺炎的最新理论知识、国家和省政府对疫情防控的最新要求以及全国各地和本省及市县的疫情动态，负责疫情应对措施准备和现场处置的技术咨询和指导，参加疫情进展风险评估，对防控提出建议和意见。为了提高全民参与疫情防控的意识，普及防控知识，我接受了电视台专家访谈栏目的采访，为了有的放矢做好访谈工作，我工作之余认真准备材料直至凌晨2点多钟。

老公是市级职业健康管理专家，随着工厂复工，防控工作面临了新的挑战。他经常一头扎进工厂，一边指导新冠肺炎的防控，一边要求职业危害防护。有一天他去了农药厂，发现工人佩戴的是一次性口罩，他马上就提出了佩戴防毒口罩的要求。就这样，我们从点滴做起，从我做起，在疫情防控的紧要关头，哪里需要就到哪里去，肩负起防控责任，为控制疫情，保障群众的身体健康站好岗。

## 危机就是警报，我们救援有力

春节是中国的传统节日，也是一年中最为热闹的节日。人们走亲访友，拜年聚餐，是一年中最为轻松快乐的日子。然而2020年的春节，举国上下被新冠肺炎疫情的阴影笼罩着，人们不得不闭门不出。随着一个多月的居家生活，人们对疫情防控的形势难于乐观，每天的网络、微信等信息量惊人，有些谣言趁机满天飞，人们无所适从，产生心理危机在所难免。2月1日，县"防指"成立了新冠肺炎疫情紧急心理危机干预专家组，我亦是专家组成员，并要参加专家组24小时值班，对有需求的人群进行心理干预和帮助。"疫情什么时候能解除啊？""我家某某要从外地回来要什么手续呀？""我要到某地方去能去吗？""哪里有口罩卖呀，你能帮我买吗？"……

除了值班电话，我每天都能接到很多类似的电话，怎么办？焦虑、烦躁、不安、恐惧,当灾难来临时老百姓不知所措,危机就是警报!我们义不容辞,我们就是"消防员",我们应当想为百姓所想,心系百姓安危,迎难而上。我一边学习心理干预的理论知识和方法技巧,一边耐心地解答各种各样的咨询,从新冠肺炎的理论知识到防控措施的落实,从消杀技术到生活细节,从心理辅导到精神安慰。我们不仅给他们送去了知识和防控技术措施,也带给了他们党的温暖和政府的关怀。

# 抗疫日记三篇

张小鹏　刘志伟　李佳佳（合肥市疾病预防控制控中心）

## 2020年2月25日　星期二　晴

抗击疫情，疾控人责无旁贷；奔赴一线，共产党员冲锋向前！

——张小鹏

今天接到了开展新冠肺炎患者住宅终末消毒的任务，就是在患者离开家后对其住宅进行一次性彻底消毒。我和安徽省疾病预防控制控中心的陈李医生以及马鞍山的邱光文医生编在一组，穿戴好防护装备、带上消毒器械后，我们就从武昌区疾控中心出发了，来到了患者居住的小区，在楼下通过门禁对讲系统沟通好后我们就上楼了。家里只有女主人在家，我们嘱咐她将食品和电器、电子设备等物品收好或者用塑料纸覆盖好，然后就开始喷洒消毒剂进行消毒。

下午的消毒工作与上午类似，也是终末消毒，只不过增加了一项消毒效果评价工作，需要在消毒前后分别采集消毒家庭的物表涂抹样品，带回实验室进行病原微生物检测，用于评价消毒效果。消毒后的采样需要等消毒完毕30分钟作用时间后才能采样。在门外等待的过程中，我们听到女主人说了家中的情况。原来是热热闹闹的一家5口，现在除了孩子被送回外公外婆家外，她的爱人、公公和婆婆都被确诊为新冠肺炎，分别在方舱医院和定点收治医院，就剩她自己经过隔离期间几次采样确定未被感染。本以为她会很悲伤很难过，没想到这位女士却很乐观地说，她的家人现在病情都很平稳，爱人也快要出院了，相信用不了多久，一家5口又能热热闹闹地过日子了。在了解我们是来自安徽时,她说非常感谢我们和来自全国各地的医务人员来到武汉支援,希望等疫情过去以后到她们家做客。

我想,有这份积极与乐观的精神,全国的疫情一定会很快被战胜。

## 2020年3月7日　星期六　晴

明年再赴武汉,共赏春暖花开。

——刘志伟

转眼间我来支援武汉已经2周了,从一开始的紧张、担忧,渐渐转变成了冷静、踏实,心态的转变不仅来源于对生活工作的适应,更重要的是同事们的相互关心帮助和武汉人民对我们的热情。这不仅让我对工作更加胸有成竹,也坚定了我帮助武汉人民战胜疫情,恢复正常生活的决心。

新冠肺炎暴发以来,作为疾控人可能天生对此就有"敏感性",我也积极准备自己的理论和实践知识,希望能到疫情最严重的地方,发挥自己专业所长,尽自己一份力量为疫情防控作出贡献。在接到支援武汉的命令时,除了紧张还有一种使命感,这才是我应该去的地方,这就是我们疾控人的"浪漫"。

来武汉以后主要从事消毒工作,虽然只有短短2周,但已经和武昌区疾控的同事们建立起来深厚的"革命友谊"。如果说新冠肺炎疫情是一场没有硝烟的战争,那我们就是同一条战壕里的战友。

今天早晨我和"战友"们去给外市支援武汉的消防队员们做消毒培训,看着他们年轻的脸庞,看着武汉这几天慢慢出来的太阳,我坚信我们离这场战争的胜利已经不远了。今天的午餐也很好,有牛肉、绿色蔬菜、水果和酸奶,武汉人民对我们真的非常照顾,在生活上给我们提供了完善的保障,这是我们的幸运。我定不能辜负武汉人民的期望,定要竭尽全力打赢这场"战疫"。

下午可能还有终末消毒的工作,我和我的战友们随时待命,准备战斗。

### 2020年3月8日　星期日　阴转小雨

没有一片乌云能够永远挡住太阳,我们一起加油!

——李佳佳

今天是三八国际妇女节,一个特殊的三八节。早上还没到点,就听见我们队的同事在门外催我"佳佳快点,上班啦!"推开宿舍的门,迎面而来的是队里四位男同胞送上的鲜花和巧克力,还有齐声的"佳佳,节日快乐!"刹那间我都懵了,紧接着是惊喜和感动!没想到今年的三八节在武汉还能收获这样的惊喜,谢谢四位可爱的男同胞们。一时百感交集,只匆匆跟他们说了声谢谢,便前往各自的工作岗位。走在路上我在想,这么多天来路边的店面都是关门的,他们昨天下了班是怎么为我找到花和巧克力的呢?

最近以来,武汉新增病例连日下降,流调的任务也逐渐减少。来到工作岗位后,我们流调组上午没有给我安排任务,我就向队长申请参加消毒工作,队长说,"我们哪能让你这瘦小的身躯,背上那么重的喷雾桶啊?"在我的一再要求下,消毒组的同事终究同意了。穿上防护服,带上器械药品,队友跟我介绍了终末消毒的技术要点,我们就出发了。上午的消毒任务是两户患者家的终末消毒,同事怕我背不动15千克重的药桶,第一家未让我操作,我就站在门外观察。等到开始第二家消毒时,药水已经用掉过半,队友才肯让我背着药桶进入患者家开展消毒。药桶很重,靴子很大,但是我在队友的指导下还是顺利完成了消毒工作。

出门接水配药的时候,我看见这家的小女孩在走廊的水池边洗菜,看样子也就十四五岁,我就跟她聊了两句,得知她父亲和奶奶都生病住院了,年迈的姨奶奶过来和她一块生活。小女孩话不多,但很懂事很有礼貌,自己洗菜做饭,对我们说着谢谢,让人莫名心疼,让我更加坚定了战胜疫情的决心。

晚上,武昌区疫情防控指挥部贴心地安排了对接人员给我们支援队里三月份生日的队员集体过生日,也给队里的女生们庆祝节日。大家在欢声笑语中"扇"蜡烛、切蛋糕、拍合影,一扫一天的疲倦。

# 您是这次抗击新冠肺炎疫情的一名战士

沈佳玙(合肥市五十中学西园校区)

2020年2月23日晚,当合肥市五十中学西园校区臧世下老师把沈佳玙这封情真意切的信转给她的妈妈——合肥市疾控中心微检科副主任检验技师张文艳时,张文艳的泪水早已模糊了双眼。从年前到现在,张文艳一直吃住在单位,女儿一直是她最大的牵挂,由于她从事新冠病毒核酸检测工作,无法回家。对女儿的学习与生活虽心急如焚却又无可奈何。直到看到女儿的这封信让她悬着的心稍微又放下了,感觉孩子比以前更懂事了。

正在实验室从事新冠病毒核酸检测工作的张文艳

敬爱的妈妈：

您现在还好吗？

春节早就过去了，但家里仍然冷冷清清的。原本热闹的家，因为新冠肺炎疫情一下子变得寂静无比。您从腊月二十九到现在就没有回来过！三十多天了！妈妈，我好想您呀！

可我知道，身在合肥市疾控中心的您，现在还不能回家！您是这次抗击新冠肺炎疫情的一名战士！听爸爸说您和您的同事每天都在把全市报上来的疑似病例进行筛选、核准，然后上报，工作量十分大。据说每天您只能休息几个小时，而且是睡在办公室里……妈妈，我好担心您！

妈妈，以前我总是不听您的话，总想着您要是有几天不回来，我就可以吃外卖；就没有人天天啰嗦我；就不会天天检查我的作业；就不会天天监督我体育训练……我总是觉得您很烦。可这么多天，妈妈，您不在我身边，我好想您！想您做的可口的饭菜，想您的唠叨，想您天天检查我的作业，想您监督我训练……

妈妈，您知道吗？我每天早上都会拿起身边的手机，看着那个熟悉的电话号码，纠结了好一阵子，终究没有按下去。因为我知道，您忙，每天的睡眠不过四五个小时，我不能打扰您。我最近一次见到您，是在电视上。当我第一眼看到电视上出现您的身影的时候，我差一点儿都没有认出来，因为您变了，变得太多了。您的脸色变得蜡黄，身体也瘦下去了很多，眼睛里透露着疲惫。那一刻，我感觉我这颗心都被揪起来了！一看就知道，您在前线昼夜不停地奋斗有多辛苦啊，您都多久没有好好休息了啊！妈妈，我好心疼您！但我知道，疫情还没有结束，我现在还不能让您回来，您还要用您的智慧学识为打赢这场没有硝烟的战争作贡献。每天晚上您都会抽短暂的时间打电话到家里来，询问我的近期状况，那声音里充斥着疲倦、急切，以及对我的关怀。

妈妈，您说过：在抵御疫情面前，每个人都不是旁观者，妈妈和大家一样，都在尽自己的一份责任。所以我的任务是待在家好好学习，不让爸爸妈妈老师操心，让你们安心工作，就是我最大的贡献。妈妈，您放心吧！您不在家的这段时间里，我虽有过孤独寂寞，也有过惆怅纠结，但我也成长了许多。我也学会分担家务，我的厨艺越来越精湛；我的自控力也有所增长，每天我都会跟着学校老师的节奏认真预习功课;我的注意力也集中了许多,作业的准确率比以前高了很多;对了,阿臧老师还夸我的字也比以前写得漂亮了!妈妈,您安心工作吧!等您回来了,您就会看到一个不一样的我。

　　妈妈,今天的阳光好灿烂,我多么希望疫情早日结束。您和我们每一个人都能正常的生活!妈妈,我们一起加油吧!

　　愿您一切安好!

爱您的女儿:沈佳玙<br>2020年2月23日

# 后　　记

2020年9月8日,从全国抗击新冠肺炎疫情表彰大会上传来消息,多个安徽卫生健康战线的先进集体和先进个人荣获全国抗击新冠肺炎疫情先进集体和先进个人,本书收录了部分关于这些集体和个人的事迹。除此之外,我们想表达的内容还有很多。

早在2020年5月,有感于白衣"皖军"为打赢疫情防控阻击战所作出的无私奉献,安徽卫生思想政治工作促进会组织开展了"抗疫群英谱"主题征文活动。这一想法,得到了全省各家会员单位的支持,自活动开展以来,在1个月的时间内,我们收到了47家单位的255篇稿件。每一篇稿件的背后都有一个感人至深的故事,都展现了我们安徽卫生健康人的"硬核担当"——在疫情面前,每一个人都在恪尽职守,在平凡的岗位上诠释着不平凡的坚守。为了能够更加全面地展现各条卫生健康战线上抗疫者的故事,我们在选稿时既选取了一线的医生、护士和疾控工作人员,也编入了一些技师、医工人员和医院管理者的事迹,由于篇幅有限,部分优秀的文章因为题材重复而未能入选。在此,编委会对各会员单位的积极参与表示衷心的感谢,也希望征文未能入选的作者能够理解和支持。

需要特别指出的是,要感谢新安晚报社对本次征文活动的大力支持,内容采集中心时政新闻部主任刘建昌和记者叶晓老师为活动的组织和稿件的编纂给予了精心的指导,报社王从启老师更是无偿为本书提供了封面图片。让人感动的是,王从启老师在疫情期间深入安徽省立医院感染病院,拍摄了多组救治新冠肺炎患者的照片,我们从中选择了一幅作为了本书的封面。此外,本书所用插图,均由各文章作者提供,或为原创作品,或已经取得了原图片作者的授权,故未一一署名,在此特向图片作者致谢。如有侵权,请版权所有者与本书编委会(邮箱:ahwssszz@163.com)联系,协商解决授权问题。

十分感谢中国科学技术大学出版社领导和编辑给予的信任与谅解,自本书策划出版以来,他们给予了很多专业的指导,并为图书的编辑付出了大量的心血,没有他们中肯的建议、包容和耐心,本书很难如期出版。由于本书文章的作者都不是专业作家,文章难免有生涩之处,但为了尽量保留一线抗疫工作者的叙述这一特色,所以我们并没有对文章做大幅度的调整与文学加工,还请读者能够谅解。

最后,我们期待这本书能够走进我们的医学院校,希望前辈们的这些故事能够对莘莘医学之子的求学之路有所启发,让他们感受到这一袭白衣所赋予的荣光,从中寻觅出职业的价值和医学的本真意义。

编 者

2020年12月16日